決定版
台湾の変遷史

楊 合義

展転社

序言

一般でいう台湾とは、台湾本島、澎湖諸島、屏東県の小琉球嶼、宜蘭県の亀山島、台東県の蘭嶼、緑島など、計七十七の島嶼の総称である。台湾本島は、中国大陸の東南海上に位置し、周囲を海に囲まれている。東は太平洋に臨み、西は台湾海峡を挟んで福建省と相対し、南はパシー海峡を隔てて遠くルソン島と向い合い、北は東シナ海と琉球列島に接している。台湾海峡は東シナ海と南シナ海を結ぶ水路で、東西の幅は最短一三〇キロメートル、最長二六〇キロメートル、平均約二〇〇キロメートル。

台湾本島の全長は、最北端の富貴角から最南端の鵞鑾鼻《ガランビ》まで約三九四キロメートル、東西の最大幅は太平洋に流れる秀姑鑾渓の新港から台湾海峡に流れる北港渓の新社まで約一四四キロメートルとなっている。全島の面積は約三万六千平方キロメートル、山地が約三分の二を占め、平野と盆地は約三分の一に過ぎない。また、山地のうち、約半分が標高一〇〇〇メートル以上の山岳地帯である。島の外形はサツマイモによく似ていることから、台湾の人は自らを「番薯仔《ハンチィア》（イモッ子）」と呼んでいる。

澎湖諸島は台湾海峡にあり、台湾の雲林・嘉義・台南三県の西部沿岸から約五〇キロ離れている。群島は澎湖、漁翁、白沙など六四の島からなるが、総面積は一二六・八六平方キロメートル。主島澎湖の面積は六四平方キロメートル、全島標高は三〇～四〇メートルにすぎず、山岳と称すべきところはない。漁業が盛んなので、ポルトガル人は澎湖諸島をペスカドール（Pescadores、魚人島の意）と名付けた。

中国の文献上、明代以前の台湾の地名に関する記載は時代によって異なる。上古の『尚書』・禹貢篇の「島夷」、『史記』・秦始皇本紀の「瀛《えい》洲」、『後漢書』・東夷伝の「東鯷」、『三国志』・孫権伝の「夷州」、『隋書』・東夷伝の琉求、『宋史』・琉求伝の「爕《しょう》求」、『元史』・外国列伝の「瑠求」などが台湾を指す地名として見られていた。しかし、これらの地名は、いずれも推測にすぎず、確証はない。

明代に入って琉球（沖縄）を大琉球、台湾を「小琉球」と呼ぶこともあったが、「琉球」と同音の「留仇」、「流虬」という称呼もある。明末以降、「大員」、「台員」、「大冤」、「埋完」（『台湾県志』・外編、安部義明著『台湾地名研究』八八ページ）、「埋冤」（連横著『台湾通史』）、「大湾」などの呼称は、概ね漢人とりわけ閩南人（福建省閩江以南の人）が原住民の言語に基づいて音訳したものである。これら異字同音の呼称は、ついに転じて「台湾」となったと断定される。なお、戦国時代の『列子』・湯問篇にも「岱員」という称号があるが、これは、まったく台湾と関係のない牽強付会の説である。『列子』の内容は故事、寓言、神話が多く、その信憑性は極めて低い。

ちなみに、台湾の英語名は通常〝Taiwan〟とされているが、〝Formosa〟という美称もよく使われている。これはポルトガル人が名付けたものである。ポルトガル人は、広東の澳門を貿易の拠点とし、厦門、寧波に商館を設けていた。一五四三年ポルトガル人の商船が台湾海峡から日本に向かう途中、台湾本島に樹木が青々と茂り、雄大な山が聳えているのを遠望し、乗組員が〝Ilha Formosa〟（イラ・フォルモサ）と声を上げて叫んだ。イラは島、フォルモサは麗しい、つまり、「麗しき島」〝beautiful island〟である。台湾では、その音に漢字をあてて「福爾摩薩」、あるいはその意味をとって「美麗島」と訳されている。それ以降、西洋の航海図に〝Formosa〟が台湾の地名として多く使われるようになった。

台湾の歴史は約四百年といわれている。それ以前は先史時代と称され、島の主人公はオーストロネシア語族（Austronesian）、あるいはマレーポリネシア語族（Malayopolynesian）と称される南島民族であった。しかし、十七世紀に入って、漢人、オランダ人、スペイン人が相前後して台湾に入植し、日本人も朱印船を中心に台湾に出入りしていたため、台湾は国際競争の角逐場となっていた。この国際化時代に終止符を打ったのは日中混血児である鄭成功であった。鄭成功は一六六一年オランダ人を台湾から駆逐し、鄭氏王朝を樹立した。一六八三年、清朝が軍隊を派遣して鄭氏王朝を滅ぼし、台湾を領有するに至った。

清朝の台湾統治は約二世紀にわたり、その間、台湾は初めて清朝すなわち中国の版図に入った。だが、一八九五年朝鮮半島問題をめぐって日清戦争（甲午戦争）が起こり、清朝が敗れて台湾を日本に割譲した。それ以降の半世紀、台湾は日本の植民地となった。ところが、一九三七年日中戦争が勃発、さらに一九四一年の太平洋戦争に発展して第二次世界大戦となった。その結果、一九四五年日本の敗戦により、台湾と澎湖諸島が中華民国の領土となって今日に至った。

このように、台湾は先史時代、国際競争時期、鄭氏治台時期、清朝領有時代、日本植民地統治時代、中華民国在台時代という歴史を辿ってきた。この移り変わりの歴史により、台湾には国際性に富む多元的文化が生まれると同時に、移民社会が形成された。

現在台湾の人口は約二千三百余万を数える。そのうち、漢人は九八％を占め、元来台湾の主人公であった原住民は約二％と推定されている。しかし、一般には台湾の住民を「本省人」と「外省人」の二大系統に分けている。その区分は、第二次世界大戦終結の一九四五年を境に、それ以前から台湾に定住している旧移民系統に属する人々を「本省人」とし、これに対して戦後渡台した新移民系統に属する人々を「外省人」としている。本省人は、すなわち旧移民系統の原住民、閩南人と客家人に対する概称で、「台湾人」とも呼ばれる。全人口比では、原住民は約二％、閩南人は約七〇％、客家人は約一五％、外省人は約一三％と推定される。今日台湾の人口はこの四大「族群」(ethnic group、エスニックグループ)によって構成されている。

多元の文化は歳月の推移に伴って消えていくものもあれば、台湾に住む人々の肉となり骨となり血となっている部分も少なくない。その中で、もっとも根深く台湾に定着しているのは中国的なものと日本的なものである。しかし、多元文化に対する受け方は、族群によって隔たりがある。いわゆる「中国情結」(中国コンプレックス)と「日本情結」(日本コンプレックス)の対立がその現れである。

なお、台湾は移民社会である。移民社会には、概ね民族問題や人種問題が存在している。台湾も例外ではない。早期移民の「分類械闘」(出身地別に分類し、武器(械)を用いて闘う)や今日の「族群矛盾」(外省人と本省人の対立)がその例である。「族群矛盾」は、「中国情結」と「日本情結」と絡んで台湾社会の融和の妨げとなっている。「日本情結」は時代の推移に伴って次第に薄くなり、いずれは消えていくに違いないが、しかし、「中国情結」は一九四五年中華民国が台湾を領有して以来、その勢いはますます強くなっている。

中華民国は一九一二年に誕生してから約三八年間全中国を統治していたが、一九四九年に「国共内戦」(中国国民党と中国共産党の戦い)で敗れて台湾に移転した。同年、大陸全土を制圧した中国共産党は北京で中華人民共和国を樹立した。それ以来、中国は分裂国家となり、中国共産党は大陸全土を統治し、中華民国は台湾・澎湖・金門・馬祖（略称「台澎金馬」）を実効支配している。

分裂初期、中国共産党は「武力解放台湾」（武力で台湾を解放する）とか、「血洗台湾」（血で台湾を洗う）などをスローガンとし、台湾に移転した中華民国政府（別称「国民政府」）を消滅させて全国統一を目指している。一方、国民政府は「反攻大陸」、「殺猪抜毛」（朱徳副主席を殺し毛沢東を排除する、中国語の猪と朱は同音）をスローガンとし、中共政権を打ち倒して大陸を光復することを目標にしている。しかし、一九五〇年朝鮮戦争が発生した後、米国の軍事介入により、解放軍の台湾侵攻と国民政府の大陸反攻は共に不可能となり、両岸の分裂分治が固定化した。それ以降約三〇年間、双方は台湾海峡を挟んで武力対峙し、両岸の交流は全面的に遮断されていた。

両岸の交流が再開したのは一九八七年のことで、これは台湾側の「大陸探親」（大陸への里帰り）の解禁によってスタートしたのである。この「大陸探親」から始まった人事交流は、やがて経済、文化、学術、スポーツなどの分野に拡大し、一般人民も観光の目的で大陸を訪問することができるようになった。人事と経済の交流により、双方の関係はすでに切っても切れない状態になっている。

しかし、中国共産党は台湾を統一して中華民国を消滅させることを最終目標にしている。

その戦略は「以商囲政」（商社を以て政府を包囲する）、「以民迫官」（人民を以て政府に迫る）、「以経促統」（大陸に投資している台湾商社を抱きこんで国家統一を促す）の三つである。中国共産党の狙いははっきりしているが、国民政府はいまだ有効な対策を見出しておらず、ただ「中華民国は主権国家である」ことを内外に示しているに止まっている。台湾内部には「統独問題」（統一か独立か）をめぐる対立があるが、大多数の台湾住民は現状維持を願っている。現状維持はすなわち「民国」の年号をそのまま存続させることである。これは、中華民国政府にとって最大の使命である。

本書ではまず中国文献上の台湾について検証し、さらに台湾の歴史を上述の時代順に沿って概説し、最後に両岸関係の現状とその行方について紹介しながら論述を加えたい。

カバーデザイン・松田晴夫（クリエイティブコンセプト）

目次

決定版　台湾の変遷史

第一章　中国文献上の台湾

中国の文献上、古代から明末清初まで、台湾の地名に関する記載は以下の三種類に大別できる。第一は中国の東方海上の島嶼や島民という意味を持つ呼び名で、『尚書』・禹貢篇の「島夷」、『史記』・秦始皇本紀の「瀛洲」、『後漢書』・東夷伝の「東鯷」、『三国志』・孫権伝の「夷州」などがこれである。第二は琉球の異字同音の呼称で、例えば『隋書』・東夷伝の「琉求」、『元史』・外国列伝の「瑠求」、明代の「小琉球」などの如くである。第三は明末清初の「大員」、「台員」、「大宛」、「埋完」（『台湾県志』・外編、安部義明著『台湾地名研究』八八ページ）、「埋冤」（連横著『台湾通史』）、「大湾」、「台湾」など、原住民による台湾の呼び名の異字同音の呼称である。このほかに、「岱員」（『列子』・湯問篇）、燮求（『宋史』・琉求伝）、留仇、流虬などの呼称もある。以下時代順に沿って台湾に関するこれらの呼称について検証する。

第一節　島夷、瀛洲、東鯷、夷州

〈『尚書』・禹貢篇の「島夷」〉

『尚書』・禹貢篇に「淮海は惟れ揚州」、又「島夷卉《き》服し、厥篚《そのはこ》は織貝、厥《その》包は橘柚、錫《たま》わりて貢す」という文がある。『尚書』は先秦では『書』と呼んだが、漢から『尚書』といわれ、南宋以降、『書経』の名が用いられるようになった。つまり「禹貢」は『書経』の中の一篇で、一種の中国古代地理書である。内容は四部に分かれ、第四部において夏王朝の始祖・禹が中国全土を九つの州に分けている。揚州は九の州の一つで、その範囲は現在の江蘇・安徽の両省と、江西・浙江・福建各省一部を含む。

康熙三十三年（一六九四）、高拱乾が編集した『台湾府志』に「台湾は禹貢の揚州に属す」と書いてある。しかし、古代の「島夷」とは、特定の島ではなく一般的に中国大陸沿海または東海上にある島々の島民を指す言葉である。まして、禹は伝説上の帝王であり、夏王朝の版図が台湾に及んでいたとは信じ難い。したがって、『尚書』・禹貢篇にある「島夷」を台湾とするのは、史実というには根拠薄弱の感があり、端的に言えば推測に過ぎない。

なお、戦国時代の『列子』・湯問篇には「岱員」という称号が出てくる。「岱員」と「台湾」は閩南語では同音であるが、「台湾」という呼び名が史書に登場するのは明末清初のことで、戦国時代の「岱員」とはまったく無関係であろう。まして、『列子』には故事、寓言、神話が多く載せられており、唐代に道教教典として尊ばれ、「沖虚真経」と称されていた。つまり事実を記した書という評価ではない。したがって、「岱員」と「台湾」を異字同音の地名として見るのは牽強付会である。

〈秦代の「瀛洲」〉

「瀛《えい》洲」は『史記』・秦始皇本紀に見える。しかし、記述の内容は神話を交えているので、信憑性は薄い。同書の始皇帝二十八（紀元前二一九）年の条に、斉（山東）人徐市（徐福）等が上書して、「海中に三神山あり、名は蓬莱、方丈、瀛洲と言う。仙人が住んでいる。請いを得て斎戒し、童男女を率いて長生不老の薬を求めん」と奏した。始皇帝は、これを信じて「徐市を遣わして童男女数千人を発し、海に入って仙人を求めさせる」との記述がある。

　徐福が三神山の何処に着いたか、さまざまな伝説がある。日本においては、徐福と童男女を乗せた船が紀伊の国熊野浦に着いたが、徐福は不死の薬を得ることができなかったので、後難を恐れて長く熊野にとどまって土地を開き、童男童女を養育してこの地の人となった。その墓は、和歌山県新宮市の南方にあり、小洞も存するという（注1）。

　ところが、康熙三十四（一六九四）年、徐懐祖が著した『台湾随筆』によると、台郡（台湾）の番人（原住民）は種類が甚だ繁雑で、その由来は不詳だが、或いは秦始皇帝の時、方士（徐市）が童男童女五百人を将《ひき》いて海に入り、台湾にとどまって育種したという（注2）。しかしいずれも伝説なので、信ずるに足りない。

　海中の三神山について、連横（連雅堂）は「蓬莱と方丈は日本と琉球であり、瀛洲は台湾である」（注3）と推測している。しかし、一般的には日本を「東瀛」と称し、台湾を「蓬莱」と呼んでいる。したがって、秦の「瀛洲」は台湾であるよりもむしろ日本ではないかと思われる。

〈漢代の「東鯷」〉

「東鯷《とうてい》」の呼称は『前漢書』・地理志、『後漢書』・東夷伝および『後漢書』・倭国伝の記載に由来する。三書とも「会稽海外に東鯷人あり、分れて二十余国と為す」と書いてある。台湾通史の著者・連雅堂も同様な見解を示している。

日比野丈夫の研究によると、会稽は江蘇省から浙江省にかけて秦漢時代に置かれた郡であった。郡治は前漢では呉県（現在の蘇州）にあったが、後漢以後、呉県を治所とする呉郡と山陰県を治所とする会稽郡とに分れた。山陰県は現在の浙江省紹興市で、隋代に会稽県と改名した（注4）。つまり秦漢時代の会稽は現在の蘇州と紹興州一帯である。当時、会稽の東海上にある島々を総称して「東鯷」と呼んでいたかもしれないが、会稽から遠く離れている台湾が東鯷に当たる、または東鯷に含まれているとは断定できない。

〈三国時代の「夷州」〉

「夷州」は三国時代の史書に見える。『三国志』・孫権伝に、「孫権が黄龍二年（二三〇年）に将軍衛温、諸葛直を派遣して甲士（兵士）万人を以て海に浮かび、夷州及び亶州を求む。

亶州は海中にあり、所在絶遠なるがため卒に至るを得べからず、但、夷州の数千人を得て還える」とある。『三国志』の「呉書・呉主伝」にも同様なことが記されている。伊能嘉矩の研究によると、夷州は台湾を指し、亶州は瓊州島（海南島）である（注5）。

衛温、諸葛直が軍を率いて夷州に遠征した史実の真偽は別として、万人の兵士を乗せた船隊がさらに数千人の捕虜を連れて帰る余裕があったかどうか、疑問がある。当時の造船技術と航海知識から考えれば、これは誇大記述であろう。

呉国の丹陽太守・沈瑩はその著『臨海水土志』に「夷州は臨海郡の東南に在り、郡を去る二千里、土地に雪霜なく、草木死せず、四面是れ山にて、衆夷の居る所なり。此の夷各々号して王と為し、土地人民を分画し、各自別に異なる。人皆頭を髠り（剃り）、耳を穿ち、女人は耳を穿たず。室居を作るに荊を種えて蕃鄣（塀）と為す」と説明している。沈瑩は黄龍二年の夷州遠征軍に参加し、その見聞をまとめて『臨海水土志』を著したといわれている。『臨海水土志』は現存しないが、宋代李昉らが編集した『太平御覧』巻八七〇「東夷伝」の中にその内容が紹介されている。

古代の臨海郡は浙江省の寧波、天台から閩江以北の沿海地帯とされている。夷州が「臨海郡の東南にあり、郡を去る二千里」という方位と距離から考えれば、その地は琉球（沖縄）か台湾しかない。しかし、沈瑩の描いた夷州の気候、地形、風俗などは当時の台湾の状況とほぼ一致しており、琉球（沖縄）と似ているのは気候だけである。なお、古代台湾の原住民は統一国家をつくらず、部落を単位として孤立した生活を営み、部落の頭目すなわち酋長が生活万般の采配を取っていた。こうした部落単位の生活状況は沈瑩の「此の夷各々号して王と為し、土地人民を分画し、各自別に異なる」という記述に似ている。凌純声は「古代閩越人與台湾土着族」の文に、「『臨海水土志』の述べたところの夷州風土は実に古代台湾の史実であり、夷州もまた古代の台湾である」（注6）と断定している。

第二節　琉求、瑠求、琉球

〈隋代の「流求」〉

三国時代以降の魏晋南北朝時代の史書には台湾と思われる記述がなく、隋代に入ってから、「琉求」という地名が初めて史書に登場し、これが台湾とされている。『隋書』・「東夷伝琉求国」によると、流求国は海中に居り、建安郡（福建省福州府）の東に当たり、水行五日にして至る。大業元（六〇五）年、海師（海軍司令官）の何蛮が煬帝に「毎春秋の二時、天清み風静かなるとき、東望すれば依稀として煙霧の気があるようだが、亦幾千里なるかを知らず」と上奏した。

これを聞いて煬帝は大業三（六〇七）年に羽騎尉の朱寛に探索を命じ、何蛮を同行させた。何蛮と朱寛は琉求国に到達したが、言葉が通じず、一人の原住民を連れて返った。翌（六〇八）年、煬帝は再び朱寛を遣わして琉求を慰撫しようとしたが、琉求は従わず、朱寛はその甲布を取って還った。時に倭国の使者（小野妹子）が来朝し、これを見て「此れ夷邪久国人（南蛮人）の用いる所なり」と語った。

つづいて、大業六（六一〇）年、煬帝はさらに武賁郎将の陳稜と朝請大夫の張鎮州に琉求遠征を命じた。陳稜と張鎮州の船隊は義安（現広東省潮安県）より出航し、高華嶼（現澎湖群島西端の花嶼）を経て東へ進み、二日後に鼊鼊嶼（現澎湖群島東北の奎壁嶼）に至り、翌日琉求に至った。初め陳稜は、南方諸国人を以て軍に従い、その中に崑崙人がいてその語をよく知り、人を遣わして琉求人を慰諭しようとした。しかし、琉求人は従わず、隋軍に反抗した。陳稜軍は之を撃退し、進んでその都に至り、頻りに戦い、皆破り、その宮室を焚いた。

流求国の進攻について、『隋書』・陳稜伝には詳しい説明がある。すなわち陳稜は大業三年に武賁郎将を拝命し、大業六年に朝請大夫の張鎮周（張鎮州）とともに東陽（現浙江省金華県）の兵万余人を発して義安より出航し、流求遠征の途につき、月余にして至った。流求人は初め戦艦を見て商旅と思い、往々隋軍に行って貿易を行った。陳稜は軍を率いて上陸し、張鎮周を先鋒として遣わした。その王・歓斯渇刺兜は兵を遣わして抵抗したが、張鎮周に撃退された。陳陵は進んで低没檀洞に至り、その小王・歓斯老模が兵を率いて抗戦した。陳稜は之を破り、老模を斬った。（中略）渇剌兜は疲労した軍を率いて柵に入ったが、陳稜は塹壕を埋めて攻め込み、その柵を破って渇剌兜を斬り、その子・島槌を捕え、男女数千人を捕虜して帰国した。

『隋書』・東夷伝琉求国と『隋書』・陳稜伝の記述には一つの大きな違いがある。義安から流求までの航行日程について、前者は「水行五日にして至る」と書き、後者は「月余にして至る」と述べている。五日間の航行日程および澎湖群島経由の方向から推定すれば、隋軍が到達した「琉求」は、間違いなく台湾である。もし航行日程が一ヶ月余りとなれば、琉球（沖縄）に到達した可能性がある。

学界では「流求」を「琉球」とする説もあるが、しかし、陳陵の軍中にいた崑崙人が琉求人の言語を知るという点から考えれば、両者は同語系の民族である。伊能嘉矩の研究によると、崑崙人は「マレー民族」の総称である。また、隋軍は台湾西部海岸の「鹿港」から上陸し、原住民のパゼッヘ部族（Pazzehe、巴則海族）と接触した。鹿港はパゼッヘ語〝Rokauan〟またはRokan〟の音訳であるが、これは〝Riukiu〟の転訛である。なお、歓斯渇剌兜王の「歓斯」は〝kaishi〟の音訳で、「渇剌兜」は〝Harato〟の音訳である。前者はパゼッヘ部族における家を表する一種の称号で、後者は、パゼッヘ部族における人名の既定語種である（注7）。

台湾の原住民はマレーポリネシア語族、すなわちオーストロネシア語族に属する南島語族である。パゼッヘ部族は台湾原住民の平埔族で、その大多数は台中県と彰化県の西部沿岸に居住している。「マレー民族」と見られる崑崙人がパゼッヘ人と言葉が通じることから考えると、「琉求」はやはり台湾に違いない。

ところで、『隋書』の「王」、「小王」、「宮室」という記述に関しては検討の余地がある。先述のとおり、古代台湾の原住民諸族は、部族ごとに独立して生活を営み、部族間には統一した組織、すなわち統一王朝はなかった。各部落の生活万般を采配するのは酋長であり、「王」ないし「小王」とは呼ばない。もちろん「宮室」もなかった。

なお、『隋書』の「兵万余人を発し」、「男女数千人を捕虜して帰る」と書いてあるが、『三国志』・孫権伝にも「孫権が黄龍二年に将軍衛温、諸葛直を派遣して甲士（兵士）万人を率い、海に浮かび夷州を遠征し、数千人を捕虜して還える」と記述している。兵士と捕虜の人数はほぼ同数となっている。これは偶然の一致とはいえない。『隋書』が『三国志』の記述を書き写した可能性がある。ともかく、万人の兵士と数千人の捕虜に関する記述は、再考の余地がある。

〈唐代の「澎湖」〉

隋代以降の唐代および五代（後梁、後唐、後晋、後漢、後周）の約三世紀半、史書には台湾に関する記述はまったくないが、唐代には詩人の施肩吾が澎湖に居住していた伝説がある。南宋王象の『輿地紀勝』に「泉州より東の海上に出ると、舟行三日で澎湖嶼に至る。巨浸（大水）の中に環島（群島）が三十有六、施肩吾の詩曰く：腥臊海邊多鬼市、島夷居処無郷里、黒皮年少学採珠、手把生犀照鹹水」と書いてある。

宋朝李昉が編著した『太平広記』にも、施肩吾が唐憲宗元和十五（八二〇）年、進士に合格したが官職に就かず、一族を連れて澎湖島に移住したと記載している。施肩吾の「島夷行」詩は、清代彭定求ら編修の『全唐詩』に収録されている。

施肩吾の詩は元来「島夷行」という題名であったが、康熙と乾隆両時代の『台湾府志』および『澎湖庁志』に収録されている施肩吾の「島夷行」詩の題名は「詠澎湖嶼」に改められた。つまり、『台湾府志』も『澎湖庁志』も「島夷行」詩の詠むところを澎湖諸島としたのである。連雅堂はこれを引用して『台湾通史』巻一開闢紀に「唐中葉に及んで、施肩吾が始めてその一族を率いて澎湖に遷居した。肩吾は汾水（浙江省分水の誤り）の人で、元和に進士に及第したが、隠居して官職に就かず、世に流通する詩がある。その〝題澎湖〟の詩にある鬼市（夜間灯火を点さずに開く市）・塩水は当時の景象（澎湖島の光景）を描写するに足る」（注8）と記している。

施肩吾が唐憲宗元和十五（八二〇）年進士に合格した後、官職に就かず、一族を連れて澎湖島に移住したことに対して、学界では概ね懐疑的な態度を抱いている。蘇同炳は施肩吾の生涯、詩集、「島夷行」の詩意、遊歴などを緻密に調べ、関係資料を駆使して考証した結果、次の二点を挙げている。①施肩吾の足跡は江蘇、浙江、河南、山西、湖北、湖南、江西の八省に及んだが、福建省や広東省に行ったことも澎湖島に渡ったこともなく、死去するまでずっと江西省洪州の西山に隠居していた。②「島夷行」詩は施肩吾が浙江東部沿海の明州一帯を遊歴した時に聞いた海外の事情を基にして詠んだ詩と思われる（注9）。

このほかに、郭廷以は施肩吾の「島夷行」詩を「詠澎湖嶼」と題すること、および施氏全家が澎湖に移居したことを懐疑的に思っている（注10）。徐復観は、「施氏の足跡は澎湖に至らず、作られた詩は浙江海辺を詠むものである」と断じている。毛一波は「施氏が澎湖に至らなかったとしても、澎湖のことを聞いて詩を詠んだ可能性は極めて高い」と推測している（注11）。梁嘉彬は「施肩吾の島夷行詩の詠む所は、今日の鄱陽湖地区の漁民生活であり、今日の澎湖群島ではない（注12）。しかし、鄱陽湖は淡水湖であり、島夷行詩の「鹹水」とは矛盾がある。以上諸氏の意見には多少の違いがあるが、施肩吾が澎湖島に渡っていなかったという見解は一致している。

〈宋代の「琉求」と「澎湖」〉

宋代では隋代の「流求」がそのまま台湾の地名として呼ばれていた。南宋の趙汝适が著した『諸蕃志』・流求の条に「流求国は泉州の東に当たり、舟行五、六の日程である」とあり、「毘舎耶」の条には毘舎耶人と漢人は「言語が相通ぜず、商販には及ばない。(中略) 泉州に澎湖という海島があり、晋江県に属し、毘舎耶とは近く、煙火相望む」と書いてある。毘舎耶(Visaya)人はフィリピン群島から台湾に移った台湾東部の阿美(アミAmi)族ないし排湾(パイワン、Paiwan)族ではないかといわれている。

趙汝适は宋の宗室で、当時泉州の市舶使(対外貿易を管理する長官)の職に就いていた。『諸蕃志』は、宝慶元(一二二五)年に趙汝适が流求、澎湖、倭国、東南アジア、西南アジア、インド、アフリカ諸国の地理・社会・風俗・物産・通商などをまとめて著した地理書である。

隋代煬帝の大業六(六一〇)年、陳稜の軍隊が琉求征伐の途次に立ち寄った群島は、澎湖諸島と考えられるが、澎湖の地名は南宋に入ってから始めて史書に登場した。南宋、楼鑰(一一三七〜一一七三)撰『攻媿集』の汪大猷行状に「(孝宗)乾道七年(一一七一)四月より、泉州の知事となり、(中略)郡は実に海に瀕し、中に沙洲数万畝有り、平湖と号す」と記してある。閩南語の平湖と澎湖は同じく「ぺェオー」と発音するので、平湖は即ち澎湖である。

元の至正五年(一三四五)、脱脱らによって編纂された『宋史』外国列伝・流求国に「流求国は泉州の東に在り、海島あり澎湖という。煙火相望む」とあり、また、元代の馬端臨撰『文献通考』にも「流求国、泉州の東に在り、島あり澎湖という。煙火相望み、水行五日にして至る」と書いてある。以上三書の流求国に関する記述は、いずれも『隋書』・流求国から引用したものと考えられる。

〈元代の「瑠求」と澎湖〉

元代は「琉求」を同音の「瑠求」に改めた。『元史』外国列伝・瑠求の条に「瑠求は南海の東、漳・泉・福・興の界内（境界内）に在る。澎湖諸島と瑠求は相対しているが、亦素より相通じない」と記している。『元史』・世祖本紀と成宗本紀によると、元朝は二回にわたって「瑠求」を遠征したことがある。

第一回目は、至元二十九（一二九二）年三月に行われ、世祖フビライ（忽必烈）が海船副万戸楊祥に命じて、六千の兵を統べて瑠求の討伐に出たが、楊祥の軍は瑠求までに至らず、途中で引き上げた。第二次の遠征は成宗元貞三（即ち大徳元年、一二九七）年のことで、成宗が福建平章政事高興の上奏を受け、省都鎮撫張浩と新軍万戸張進を遣わし、瑠求国に赴き、百三十余人を捕虜して帰った。つまり、二回の遠征は出兵しただけで、瑠求を実効支配するまでには至らなかった。

したがって、『元史』外国列伝・瑠求の「瑠求は南海の東、漳・泉・福・興の界内に在る」という記述は事実と掛け離れている。まして澎湖と瑠求は「素よりあい通じない」という状態にあり、換言すれば、元の時代、台湾はまだ元の版図に入っていなかったことになる。

『島夷誌略』の著者・汪大淵は、琉球と澎湖を遊歴し、その見聞を次のように描いている。琉球（台湾）の土地は潤い田も肥沃、稼穡（農業）に適宜である。気候は漸次暖かい。風俗は澎湖と異なる。水上の舟楫がなく、住民は筏を用いる。男子、婦人はともに髪の毛を丸く縮める。島民は花布で衣服を作り、海水を煮て塩を製し、蔗（サトウキビ）漿で酒を醸造する。島には沙金、黄豆、黍子、琉黄、黄蝋、鹿豹麂（きょん、鹿の一種）皮を産出するが、貿易の貨は土珠、瑪瑙、金、珠、粗碗、処州磁器の類である。

澎湖については、島が三十六個（実際は六十四個）に分れ、大小交互に混じり、泉州より順風に航行すれば二昼夜で到達できる。草はあるが、木はない。土は瘠せて禾稲（稲田）に不適である。泉州の移民は茅屋を立てて住む。気候は常に暖かい。島民は海水を煮て製塩し、秫（高粱）で酒を醸造し、魚蝦螺蛤を採って副食とし、牛糞を乾燥して薪炭にし、魚膏を料理の油として使う。澎湖は泉州に隷属し、至元の年間に巡検司（地方警察機構）が置かれた。

汪大淵は予章（江西省南昌県）の人、一三一一年に生まれ、一三三〇年より数年間、南海諸国を遊歴し、一旦帰国の後、一三三九年頃から一三四四年頃まで、再び南海巡遊に出た。

台湾旅行中、大峙に登って海潮の消長を観ていた。大峙山は今の高雄市鼓山区の寿山（打狗山）ではないかといわれている。とにかく、『島夷誌略』の内容はほとんどが著者旅行中の見聞に基づいて書いたものであり、特に琉球（台湾）と澎湖の風物に関する記述の信憑性は高い。その他に「留仇」、「流虬」という呼称もあるが、これは琉球と同音の当て字である。

第三節　明代以降における台湾の呼称

明の初頭、琉球（沖縄）は大琉球と呼ばれ、流求（台湾）が小琉球と名付けられた。明の中葉には台湾を小東島や東番と呼ぶ記述もあった。その後、史書に現れてくる大員、台員、大冤、大圓、埋完、埋冤、大湾などは、すべて異字同音の呼称であり、最終的には「台湾」の二字を以て定着した。このほかに、一地方名を以て全台湾を指すものも少なくない。例えば鶏籠（基隆）山、淡水、北港、魍港、打狗嶼（高雄港）などの如くである。異字同音の呼称または一地方名を以て全台湾を指すものがこれほど多いことから考えると、明の時代に及んでも、台湾に対する漢人の認識は依然として希薄であり、台湾を訪れた漢人の接触面も局部的であったといえよう。ちなみに、上述の呼称は概ね福建省の閩南語による音訳である。

まず、「小琉球」について述べよう。

〈小琉球の呼称〉

十四世紀中葉、元朝を滅ぼした明の太祖朱元璋が、使者を琉球（沖縄）に派遣してその帰順を促した。当時、琉球は山北、中山と山南に分れ、それぞれ按司（豪族）によって支配されていた。山北の羽地按司、中山の浦添按司、山南の大里按司はともに明朝の招諭を受け入れ、それぞれ使者を明に遣わして忠誠を誓い、琉球全体が明の朝貢国となり、明朝は各々王号を送って慰撫した。十五世紀の初頭、中山王尚巴志が三山を統一し、琉球国全体の代表となった（注13）。

それ以降、琉球（沖縄）と明朝の間に使者や商人の往来が頻繁となり、その結果、琉球（沖縄）が明朝の影響を受け、文化面において急速にレベル・アップした。他方、明朝と琉求（台湾）の間には大陸から商人が台湾に渡って原住民と物々交換の取引を行うことはあったに違いないが、政治的関係または相互交流がないため、流求（台湾）の実情に対して明朝はほとんど把握していなかった。ゆえに洪武以降、明朝は流求（台湾）より小さい琉球（沖縄）を「大琉球」と称し、逆に琉球（沖縄）より大きい流求（台湾）を「小琉球」と呼んでいた。現在台湾屏東県にある小琉球という島はその名残を留めている。

〈小東島、東番、鶏籠、北港の呼称〉

明の嘉靖三十四（一五五五）年、世宗が倭寇の禁圧をはかるため鄭舜功を日本に派遣した。だが、九州豊後の大友氏は明朝に協力せず、かえって鄭舜功を抑留した。嘉靖三十六（一五五七）年鄭舜功が帰国し、日本での見聞と倭寇対策をまとめて『日本一鑑』（十一巻）を著し、官に奉った（注14）。書中にある「小東島」が台湾を指す地名と見られている。

「東番」は「東夷」と同様、漢人が東方海上の島々に住む蕃人または夷人に対する通称である。明の万暦十四（一五七六）年、進士何喬遠の『閩書』に、「東蕃の夷、自り始まる所を知らざるが、澎湖外洋の海島中に居る」とある。万暦三〇（一六〇二）年、陳第が著した『東番記』の「東番」に関する記述は何喬遠の『閩書』から書き写したものであろう。万暦四十五（一六一七）年に張燮の『東西洋考』では「鶏籠山、淡水洋、澎湖嶼の東北に在り、故名北港、又東蕃とも名づく」とあり、東蕃が鶏籠山、淡水洋、北港と並んで台湾を指す地名となっている。『明史』・「外国伝」にも「鶏籠山、澎湖の東北に在り、北港と名付け、又東蕃とも名付く」と記している。

〈台湾という呼称の登場〉

「台湾」という呼称が文献に登場したのは、明の万暦末期か天啓初期の年間（十七世紀初頭）

であろうが、その語源については、諸説紛々として定説がない。安倍明義の『台灣地名研究』には次の五説が挙げられている。

（一）康熙二十三（一六八四）年諸羅県知県季麒光著『蓉洲文稿』に「明の万暦年間、海寇顔思斉、其の地に踞有し、始めて台湾と称す」とある。この説によれば、台湾は顔思斉がこの島に逃げ込んで以来の名称に見えるが、しかし、台湾という名称は顔思斉が付けたものではなく、それ以前からあった名称であることは疑いない。顔思斉を頭目として本島に移民した漢人が、専ら台湾という呼称を慣用し、爰に普通の地名となったようである。

（二）康熙三十四（一六九五）年徐懐祖著『台湾随筆』に「台湾は古に於いて考うるなし、惟々明季に、莆田の周嬰が遠遊編を著し、東蕃記一篇を載せ、台湾を称して台員と為す、蓋し南音なり」とある。周嬰は明の宣徳年間の人であるから、その著書に載せたものは、すなわち古く文献に見えている称呼というべきである。閩南語の発音では「台員」と「台湾」は同じく〝Taioan〟という音となるので、〝Taioan〟という地名は宣徳年間に付けられたと考えられる。

（三）乾隆五（一七四〇）年巡台湾御史張湄著『瀛壖百詠』の自序中に「明季に至って、莆田の周嬰が遠遊編に、東蕃記一篇を載せ、その地を称して台員と為す、蓋し閩音の譌なり。台湾の名、中土に入ったのは、実に茲より始まる」とある。

（四）『明史』に「万暦の末に至り、紅毛番（オランダ人）が舟を此に泊り、因って耕鑿を事とし、闤闠（市街）を設けて台湾と称す」とある。この説は次説と共に大いに事実に反している。

（五）『台湾県誌』の地誌の建置に「万暦の末年、荷蘭が台湾に拠り、城を一鯤身の上に築いて台湾と称す」とある。この説はオランダ人の安平築城後において始めて台湾と命名したものであるとし、オランダ人築城以前に〝Taioan〟（タイオアヌ）という地名の存在を否定することになる。

以上五つの台湾という語源に関する説は安倍明義が中国文献から引用したものである。しかし、彼は「台湾という称呼の起源は蕃語より出たようである」と推測し、次のように説明している。

明末、台湾に移植した漢人が最初に接触した蕃人は、内港（安平と赤嵌の間にある台江）の西岸に居住していたシライヤ（西拉雅）族であった。シライヤ族は外来の漢人を〝Taian〟または〝Tayoan〟と称していた。他方、南部のマカタッオ（馬卡達奥）族は漢人を〝Pairan〟といい、パイワン（排湾）族は漢人を〝Airan〟〝Pairan〟〝Pairangan〟と称し、東部のアミ（阿美）族も漢人を〝Pairan〟と呼んでいた。パイラン（Pairan）とは閩南語では悪い人の意味であるが、最初漢人が蕃人をパイランと称したのを、蕃人が逆に漢人をパイランと称し、ついに人種の族称となったのであろう。すなわち、この族称が漢人によって転訛されて〝Taioan〟となり、さらに族称より地名に移され、時の漢人の集中地点であった一鯤身方面に台湾または台員の近音訳字を宛てたものであろう。

つづいて、安倍明義は台湾という地名の地理的範囲の変遷について説明を加えている。元来台湾とは全島の総称として与えられた称呼ではなく、当初は台南付近の一小区域を指す地名であった。明末清初まで、台南一帯の海岸線は深く東方に湾入して内港すなわち台江を形成し、台南城市の西端は海に瀕していた。内港の外面数島嶼（即ち七鯤身）が横たわり、その最大の島嶼は一鯤身と称され、これが後の安平街である。七鯤身はシライヤ族の根拠地であったが、後に漢人も移植し、さらに対岸の蕃地に進入して開拓区域を拡大した。初め漢人は一鯤身（安平）を台湾と称し、対岸の蕃地を赤嵌と呼んでいた。

やがて、オランダ人が台湾南部一帯を占領し、台湾（安平）にゼーランジャ（Zelandia）城を築き、また赤嵌にプロヴィンシヤ（Provintia）城を築いた。在留の漢人はゼーランジャ城を台湾城、プロヴィンシヤ城を赤嵌楼と呼んでいたようである。オランダ人も漢人の命名した狭義の称呼を襲用し、ゼーランジャ城の所在地を指して〝Taiwan〟〝Tayoan〟〝Tayouan〟〝Taoan〟〝Tayovan〟などと称していた。そして漢人は台湾即ち一鯤身の一島より対岸の陸地に転進すると、従来一島に限られていた狭義の地名が赤嵌地区を含む広義の地名となった。現に明末の崇禎年間、給事中（天子を諫める官）傅元初の上疏には「台湾は紅毛（オランダ人）之に拠り、鶏籠、淡水に佛郎機（スペイン人）私に至る」といい、且つ「鶏籠、淡水の地、一日にして台湾に至るべし」と述べている。ここに、いわゆる台湾は、一鯤身島と対岸陸地の一帯を包括する聚落を指したことを知るべく、台湾という呼称が漸く外延を拡大した経過を示している。

そして同じく崇禎年間の給事中何楷の上疏には、「台湾は澎湖島の外に在り、水路漳泉を距ること約両夜、その地広衍膏腴にして一大県に比すべし」との語がある。これは明らかに台湾が全島の総称として認められたものである（注15）。

山崎繁樹と野上矯介の共著『台湾史』にも台湾の語源について五説を挙げている。（一）タイウアン族より転訛、（二）台員より転訛、（三）顔思斉の命名、（四）オランダ人の命名。（五）東蕃より転訛などである。前三説の内容と引用文献は安倍明義が挙げた（一）（二）（三）の三説とは似通ったものであるので、ここでは（四）と（五）だけを取り上げて略述する。（四）のオランダ人命名説では、十七世紀にオランダ人が台湾を占領したとき、城砦を台江の湾頭に築き、台江と湾頭の頭文字を採って台湾と名付けたという。（五）のタイウアン族より転訛の説では台湾の名称は昔台南より鳳山地方に居住していた平埔蕃の一種タイウアンの名がタイワン（台湾）に転訛したというものである（注16）。

ほかにまだ多数の説があるが、ここでは省略する。

安倍明義、山崎繁樹と野上矯介の研究および引用された文献を見てもわかるように、「台湾」という呼称は、赤嵌（現台南市）一帯に居住する原住民のシラヤ族の言語に由来する説とする方がより信憑性が高いと思われる。大員、台員、大宛、大圓、埋完、埋冤、大湾、台湾などの異字同音の呼称はすべて漢人（閩南人）がシライヤ族語から音訳したものである。Taian、Tayoan、Tayouan、Taoan、Tayovanなどの呼称に至っては、明らかにオランダ人が漢人の音訳を襲用してローマ字で綴ったものである。ともかく、「台湾」という呼称は、最初は台南周辺の一地方名にすぎなかったが、清朝に入ってから台湾全島を指す地名となったのである。

〈「イラ・フォルモサ」という呼称〉

台湾の英語名は通常〝Taiwan〟とされているが、〝Formosa〟という美称もよく使われている。一四九二年にコロンブスが西インド諸島に到達し、一五二一年にはマゼランが世界一周をなし遂げた。この大航海時代の出現に伴って、航海術を手にしたヨーロッパ諸国は、潮のように東方に押し寄せてきた。そのなかで、最初に東アジアに進出して台湾海域に現れたのは、ポルトガル人であった。

ポルトガル人は、広東の澳門を貿易の拠点とし、さらに北上して厦門、寧波に向い、これらの地に貿易の商館を設けた。一五四三年、ポルトガル人が商船で日本に赴く途中、台湾海峡を通過したとき、台湾本島に樹木が青々と茂り、雄大な山が聳えているのを遠望し、乗組員が〝Ilha Formosa〟（イラ・フォルモサ）と声を上げて叫んだ。イラは島、フォルモサは麗しい、つまり、「麗しき島」〝beautiful island〟である。台湾では、その音に漢字をあて「福爾摩薩」、あるいはその意味を採って「美麗島」と訳されている。それ以降、西洋の航海図に〝Formosa〟が台湾の地名として多く使われるようになった。

安倍明義の『台湾地名研究』によると、西洋の航海図に初めて台湾を〝Formosa〟と記入したのはポルトガル人に雇用されていたオランダ人のリンショッテ船長である。しかし、当初は、これを以て基隆一角の名称として用いていたが、その後、全島の名称となるに至った。十七世紀中葉、オランダ人が台湾南部を支配した際、この〝Formosa〟の地名を引き継いで使用し、同時期に台湾北部を支配したスペイン人はこれをスペイン語化して〝Fermosa〟と改めたという（注17）。

〈注釈〉

（1）『アジア歴史事典』第四巻・徐市の条　四五三ページ。

（2）台湾省文献委員会編『台湾史』一四ページ。

(3) 連横著『台湾通史』巻一・開闢紀、一ページ。
(4)『アジア歴史事典』第二巻・会稽の条　九四ページ。
(5) 伊能嘉矩著『台灣文化誌』上巻、四～六ページ。
(6) 台湾省文献委員会編『台灣史』一七ページ。
(7) 前掲『台湾文化誌』・上巻　一四～一六ページ。
(8) 前掲連横著『台湾通史』巻一・開闢紀、六ページ。
(9) 国立編訳館中華叢書編審委員会編印・蘇同炳著『台湾史研究集』の「施肩吾及〝島夷行詩〟新考」。
(10) 郭廷以著『台湾史事概説』二～三ページ。
(11) 前掲台湾省文献委員会編『台湾史』二四ページ。
(12) 前掲蘇同炳著『台湾史研究集』の「施肩吾及〝島夷行詩〟新考」。
(13)『アジア歴史事典』第九巻・琉球の条　二六二～二六三ページ。
(14)『アジア歴史事典』七巻・日本一鑑の条　二六一ページ。
(15) 安倍明義著『台湾地名研究』八四～八八ページ。
(16) 山崎繁樹・野上矯介共著『台湾史』三～五ページ。
(17) 前掲、安倍義明著『台湾地名研究』九四ページ。

第一章　先史時代の台湾

人類の歴史は、大別して文献的史料（文字の記録）の存在しない先史時代と文献史料によって研究しうる歴史時代に区分できるが、先史時代から歴史時代に移行するまで、その過渡期に原史時代がある。原史時代とは、文字の使用が始まっても記録が不十分で、考古学的研究に依存するところが多い時代である。ところで、人類が地球に現れてから文字の使用を知り、記録を残すに至るまでには数十万年の歳月が経過している。したがって、先史時代は歴史時代に比べてその年数ははるかに長いのである。

先史時代は生活用具に基づいて石器時代と金属器時代に分け、さらに両者の間に石金併用の時代がある。文化の先進地域では、金属器時代にはすでに原史時代が始まるので、先史時代の大部分は石器時代に属するわけである。石器時代はさらに旧石器時代と新石器時代に分けられる。先史時代は国や地域によってその時期が異なる。例えば、打製石器を使う北京原人（Sinanthropus pekinensis）の発見により、中国旧石器時代の歴史はきわめて早い時期にまで遡ることが明らかとなった。なお、日本では旧石器時代から弥生時代を先史時代としているが、弥生時代を原史時代とみる説もある。台湾の先史時代は、旧石器時代末期から、金属器時代を経て、十七世紀初頭までの時代と推定されている。

台湾先史時代の研究調査は、一八九六年、すなわち日本の台湾統治が始まった翌年に遡る。同年、粟野伝之丞が芝山巖遺跡を発見し、つづいて宮村栄一が圓山遺跡を発見した。これをきっかけに、考古学界の台湾先史時代に対する遺跡発掘と研究調査が促進され、日本統治時代を経て今日に至るまで、一世紀余りの間にすでに千余箇所の先史時代の文化遺跡が発見された。

文化遺跡とは過去の人類の生活・活動の跡である。考古学者によって発掘された住居遺跡、墓地遺跡、宗教儀式遺跡、農耕・狩猟地、器物製造場と原料区、戦場遺跡など、みな過去の人類の生活や活動を示す文化遺跡である。考古学者は遺跡と出土遺物に対して研究分析を行い、台湾の先史時代の文化を年代、分布地域と共通特徴によって遺跡の文化形態を分類し、さらに主要生産方式と技術レベルに基づいて、先史時代における人類の文化発展段階を区分する。考古学界の研究成果によれば、台湾の先史時代は旧石器時代晩期、新石器時代早期、新石器時代中期、新石器時代晩期と金属器時代の五段階に区分できる。

第一段階は旧石器時代晩期を代表する台湾東部の「長浜文化」であり、年代は約三、四万年から五千年前と推定され、陶器の製作と使用の痕跡がなく、農耕が未だ始まっていなかったいわゆる「先農耕」の段階である。第二段階は根栽農耕が始まった新石器時代早期を代表する台湾西海岸の「大坌坑文化」であり、年代は約七千年から五千年前と推定されている。第三段階は穀類農耕が始まった新石器時代中期であり、時代は推定約五千年前から三千五百年前の間で、北部の「芝山巖文化」、「圓山文化」と中南部の「細縄紋陶文化」がこの時期の代表的なものである。第四段階は穀類農耕が引き続き発達した新石器時代晩期であり、時代は約三千五百年前から二千年前と推定され、北部の「植物園文化」、中部の「営埔文化」、西南部の「大湖文化」、東海岸の「卑南文化」と「麒麟文化」がこの時期に属する。第五段階は約二千年前から四百年前までの金属器時代であり、北部の「十三行文化」、中部の「大邱園文化」、「番仔園文化」、南部の「蔦松文化」と「亀山文化」、東海岸の「静埔文化」などがある（注1）。

今まで発掘された文化遺跡の中で、規模が最も大きいのは「南科文化遺跡」である。「南科」は台南県（現台南市）新市郷（現新市区）、善化鎮（現善化区）と安定郷（現安定区）の間に位置する「台南科学工業園区」の略称で、総面積は約一〇〇〇ヘクタールに及ぶ。一九九五年行政院が南科に第二科学工業園区（第一は新竹科学工業園区）の建設を決定した際、国家科学委員会人文科学処が文化遺跡の破壊を未然に防ぐため、中央研究院歴史語言研究所臧振華教授に委託して文化遺跡の研究調査を行なわせた。臧振華教授は李匡悌博士、朱正宜博士を中心とする研究グループを発足させ、発掘調査を行った。

遺跡は二〇〇五年末までですでに四〇余箇所が発見され、二〇〇九年までには五十八箇所に及んだ。現在発掘作業はなお進行中なので、今後遺跡はさらに増えるに違いない。すでに発掘された主な遺跡は南関里、南関里東、右先方、北三舎、三抱竹、五間厝北、石頭埔、五間厝南、道爺、五間厝、大道公、牛尿港、道爺南などがある。出土遺物には陶器、石器、骨角器、鉄器などの文化遺物、植物種と木材などの生態遺物、および墓葬、建築、通水溝、炭坑などの遺物が含まれている。

台湾考古史上において、南科文化遺跡は面積が広大だけでなく、遺跡の文化も幾つかの時代に跨り、約五千年前から漢人が台湾に入植する明清時代までと推定されている。出土遺物の内容と特徴および遺跡の存在年代を見ると、南科文化遺跡には前述の大坌坑文化、牛稠仔文化、大湖文化、蔦松文化と同類型の文化があるのみならず、原住民西拉雅（シラヤ）族文化と明清漢文化も発見された（注2）。

以下、台湾の先史時代を旧石器時代、新石器時代と金属器時代の順に沿って概観しよう。

第一節　旧石器時代

旧石器時代は、石器時代の前期で、人類の歴史では最古の時代である。地質年代の区分では洪積世に属し、新生代最後の第四紀にあたる。洪積世は更新世または最新世ともいうが、その存在は約百七十万年前から一万年前の氷河時代までである。この時期、人類は自然経済たる植物採集、狩猟、漁撈の生活を営んでいた。利器として打製石器・骨角器があり、磨製石器はないが、火の使用は始まっていた。

中国の旧石器時代は早、中、晩の三期に分けられる。早期はシナントロプス（Sinanthropus）が発見されたいわゆる猿人文化である。その存在は約五十ないし四十万年前と推定されるが、地質年代で言えば第四紀・更新世の中期にあたる。当時猿人はすでに石器を作り、火を使用していたという。次に河套地方で旧石器時代人の遺跡が発見されたが、この河套人文化が中国旧石器時代中期を代表するものである。晩期を代表するものは北京近郊の周口店の山頂洞で発見された北京原人であるが、この遺跡からは人骨化石のほか打製石器が発掘され、火を使用した痕跡もある。日本における人類文化の最古時代も旧石器時代あるいは先土器時代と呼ばれ、三十～二十万年前に遡るとされている。

台湾で発見された旧石器時代の文化遺跡は「長浜文化」、「左鎮人」と「網形文化」の三つがある。そのうち台東長浜郷の「長浜文化」が最古で、約二万五千年～二万年前（約五～三万年前の説もある）から五千年前までの時代と推定される。「左鎮人」は台南市左鎮区で発見され、推定三～二万年前のものである。「網形文化」は苗栗県大湖郷網形伯公壠地区で発見され、年代は約一万年前と推定される。以上三つの文化遺跡は、いずれも旧石器晩期に属するものであると認定されている。詳細は次に述べよう。

(一) 長浜文化

台湾の台東県長浜郷三間村の海岸岩壁に、自然に形成された十数個の海蝕洞穴があり、地元の人はこれらの洞穴を「八仙洞」と呼んでいる。一九六八年三月、台湾大学地質学科の林朝棨教授が八仙洞の海蝕洞穴を調査した際、新石器時代の文化遺物とその下層にある紅色土層を発見した。これを受けて同年年末、同大学の宋文薫教授が考古人類学科と地質学科によって組織された考古研究グループを率い、八仙洞に対する発掘調査を実施、一九七〇年まで計五回行われた。発掘の結果、新石器時代に属する文化層が見つかったのみならず、洞穴堆積の底層に多くの旧石器時代の先陶文化（先土文化）を発見した。中央研究院歴史語言研究所の考古学者李済は長浜郷の地名からこの遺跡を「長浜文化」と名付けた。

出土遺物には石錘、礫石偏鋒砍器、中鋒砍器、石片、石廃料、石英質小石片器などがあるが、陶器類の遺物がなく、したがってこの旧石器文化は「先陶文化」とも称される。このほかに、骨針、骨鑿、骨魚鉤、骨尖器などの骨器および各式獣骨が発掘された。石器はほとんど打製のもので、磨製のものは含まれていなかった。石器と骨器は植物採集、狩猟、漁撈に使う生活道具として製作されたものである。

これらの出土遺物は旧石時代晩期のものであると認定され、存在の年代について、初めは約一万五千年前から五千年前までと推定されていた。しかし、近年の発掘では八仙洞に旧石器時代人が居住し、生活を営んでいた証拠が発見され、その年代は約二万五千年前から二万年前に遡ると推定された（注２）。このほかに、長浜文化の存在年代を約五万〜三万年前から五千年前までの時代とする説もあるが、これは考証を待つ必要がある。長浜文化系列の文化遺跡は台湾東部と恒春半島の沿岸地帯に分布している。例えば台東県成功鎮の小馬洞穴遺跡および屏東県の鵝鑾鼻遺跡も長浜文化と同時期のものである。

長浜文化はいままで台湾で発掘された最古の文化遺跡であるが、考古学者は石器の類型に基づいて、長浜文化を東亜大陸系統の旧石器時代の礫石砍器文化に属するものとし、華南および東南アジアの打製石片文化とも直接関連があると推定している（注３）。

（二）左鎮人

一九七一年台湾大學の考古人類学科教授宋文薫と地質学科教授林朝棨および台湾省立博物館（現国立台湾博物館）の研究員などが台南県（現台南市）左鎮郷（現左鎮区）に赴き、当地の菜寮渓で発見された犀牛化石を調査していた時、化石収蔵家の郭徳鈴が収蔵した古生物化石の中から一片の人類右頂骨化石を発見した。つづいて、一九七四年日本の古生物学者鹿間時夫が別の化石収蔵家である藩常武の収蔵品からもう一片の人類右頂骨化石を発見した。鹿間時夫がこの二片の化石を日本に持ち帰り、研究分析の結果、これを旧石器時代末期の現生人類（Homo　sapiens）と認定した。現生人類は現代人種ともいうが、その存在は約三万年前から二万年前までの時代と推定される。二片の現生人類化石は共に台南市左鎮区の菜寮渓で発見されたことから、「左鎮人」と名付けられた。その後、左鎮で相次いで三片の頭骨化石残片と二片の人歯化石が発見され、研究分析の結果、いずれも左鎮人に属するものと認定された。

左鎮人はこれまで台湾で発見された最古の人類化石の一つである。学界では左鎮人は氷河期にアジア大陸から台湾海峡の陸橋を渡って台湾に移ったと推測している。しかし、左鎮人は渓谷地区で発見されたが、出土地層と相関遺物の証拠がないので、その生活方式や文化実態を知ることはできない。考古学者は左鎮人と長浜文化を同時期の文化遺跡と推定している（注４）。

（三）網形文化

網形文化は長浜文化と異なった類型の旧石器時代晩期の文化遺跡である。これは、一九九二年から一九九五年の間に苗栗県大湖郷網形伯公壠地区で発掘されたもので、尖器、刮器、砍砸器などの打製石器が多数発見された。中央研究院語言研究所の考古学者劉益昌はこれを「網形文化」と名付けた。

網形文化の分布地域は主に台湾西海岸の中北部丘陵地の台地にあり、存在の年代は約一万年前で、長浜文化の時期と重なっている。出土の遺物から見ると、網形文化の生活方式は自然植物の採集および狩猟、漁撈などで、農耕や牧畜は未だ開始されていなかった。石器の類型は広西省新州地区の石器群とよく似ているので、網形文化は中国南部から伝わってきた可能性があるといわれている（注5）。

第二節　新石器時代

石器時代は旧石器時代と新石器時代に分けられるが、その中間に中石器時代を置く説もある。地質学的にいえば、洪積世における石器時代が旧石器時代であり、後氷河時代以後の沖積世における石器時代が中石器時代と新石器時代である。旧石器時代と新石器時代の区別は生活道具を基準にして、打製石器を使用する時代を旧石器時代とし、磨製石器を使用する時代を新石器時代と呼んでいる。

新石器時代は普通今から約一万年前から始まるとされ、旧石器時代における氷河の侵入、後退のような急激な自然条件の変化がなく、動植物は共に現在と変わらない。このような条件の下に生み出された文化は、旧石器時代より進んだ内容を持っている。土器および磨製石器の製作が始まり、狩猟、牧畜と並んで原始農業、即ち生産経済が出現した。また精巧な骨角器や貝器も作られた。このような生活の豊かさは社会の定着性を高め、家屋が造られ、群れをなして聚落を作るようになった（注6）。要するに、新石器時代に農耕が始まり、土器（陶器）と磨製石器の使用および建築技術が発明されたのである。

中国では黄河を中心とする華北地帯において、紀元前三〇〇〇年頃に農耕牧畜をもった新石器文化が成立していた。しかし、その起源および初期の段階の文化は明らかになっていない。なお、台湾・東北地区の昂昂渓で発見された粗製土器と磨製石器を伴った文化は、彩陶文化より早い時期のものとされている。彩陶文化は一九二一年、スウェーデンの考古学者アンダーソン（Johan Gunnar Anderson）博士が河南省の仰韶で発掘したものであるが、この彩陶遺跡が新石器時代を示す文化であり、特徴としては農業が行われ、豚も飼育されていたことがわかった。その後、同博士は甘粛省でも多くの彩陶遺跡を発見し、小青銅製品も出たので、彩陶文化は新石器晩期の文化であると考えられている。この彩陶文化に対し、山東の城子崖や日照で黒陶文化が発見された。黒陶文化ではやはり農耕が行なわれ、牛や豚も飼育されていた（注7）。なお、日本については縄文時代が新石器時代とされている。

台湾が新石器時代に入ったのは約七千年前のことで、その後約五千年を経て、二千余年前に金属器時代に移行したと推定されている。考古学界は出土遺跡や生活手段と生活実態を基準にして新石器時代早期、新石器時代中期と新石器時代晩期の三期に分けている。

一、新石器時代早期～大坌坑文化

一九六四年と一九六五年、考古学者張光直が台北県（現新北市）八里郷大坌坑と高雄県（現高雄市）林園郷鳳鼻頭で発掘調査を行なった際、旧石器時代の長浜文化およびその他の新石器時代と異なった文化を発見し、分析した結果、これは約七千～四千七百年前の新石器時代早期の文化と断定して「大坌坑文化」と命名した。この「大坌坑文化」はこれまで台湾で発見された最も早期の新石器時代の文化である。遺跡の規模および文化層堆積の形態から見て、大坌坑文化はすでに定着した小型聚落をなしている。分布地域は主に河岸、海岸ないし湖岸の段丘にあり、北部海岸、台北盆地、西南海岸、東部海岸および澎湖島に同類型の遺跡が多く発掘されている。「南科」の南関里と南関里東で発掘された遺跡も大坌坑文化と同類型の文化と断定され、存在の年代は推定四千八百年前から四千二百年前の間である。

出土の石器には打製の石斧、石刀、礫石砍器のほか、磨製の石斧、石錛、石鏃、石鋤、有槽石棒、骨角器、貝器などの工具もあった。「南科」の南関里と南関里東遺跡出土の斧、鋤、錛、鑿などの工具は澎湖産の橄欖石玄武岩が大量に使用されている。これは明らかに当時の台湾居民が舟で海を渡って澎湖から運んできたものである。なお、石鋤、石斧などの生産工具から見れば、この時期に稲米、粟（小米）などの穀物を栽培する農耕、および犬や豚などの家畜を飼育していた形跡がある。これは聚落の形成と定住の生活を意味するものであり、聚落の面積は三～五ヘクタールに達する遺跡もある。しかし、生産活動はやはり狩猟、漁撈と採集が中心であったようである。

陶器類においては、八里郷大坌坑で発掘された鉢と罐の表面色は暗紅、渾褐、浅褐を呈し、口縁の下方部分に飾りとして粗縄紋があるため「粗縄紋陶」と名付けられた。ところが、南科出土の陶器類は紅褐色泥質陶、暗紅褐色砂陶と灰褐色泥質陶が主流で、暗紅褐色陶には石英と貝屑などが混入している。罐、瓶、豆、蓋などの器面には劃紋、縄文、彩絵および貝印紋などがあり、澎湖菓葉遺跡出土の陶器とよく似ている。貝器類は工具用の貝刀のほか、各種装飾品も含まれている。

墓葬式に関しては、南科出土の遺物と遺跡の例では、葬具は木棺を利用し、遺体の姿勢は頭部が南に向く仰身直肢の形になっている。墓中の成年男女は皆抜き歯があるのが特徴である。なお、出土の穿孔人歯および遺骸に残留した箭鏃から判断すれば、当時はすでに馘首（首切り）や闘争などの武力行為があったと考えられる（注8）。

近年来、学界では大坌坑文化は中国福建、広東両省の早期新石器時代文化と密接な関連があると主張する説がある。中央研究院歴史語言研究所劉益昌教授の分析によれば、大坌坑文化は華南旧石器時代文化が新石器時代の最初段階を経て発展してきたものと断じている（注9）。

二、新石器時代中期

台湾の新石器時代中期は約五千年前から三千五百年前までと推定されている。芝山巖文化、圓山文化と細縄紋陶文化がこの時期の代表的なものである。

（一）芝山巖文化

一八九六年、日本の学者栗野伝之丞が現台北市士林区の芝山巖で台湾第一号の史前遺跡、即ち芝山巖遺跡を発見した。しかし、当時は遺跡の調査採集にとどまり、遺跡の発掘作業は行なわなかった。本格的な発掘調査は戦後になってからである。

一九七九年、芝山巖の雨農国民小学校が校舎を建設するとき、多くの史前遺物が発掘され、これをきっかけに台湾大学考古人類学科教授宋文薫、連照美、黄士強らが発掘調査を行ない、これを「芝山巖文化」と名付けた。芝山巖遺跡は縄文紅陶文化の上、圓山文化の下にあり、存在の年代は約三千六百年から三千年前の時期と推定されている。

出土の陶器類には罐、鉢、豆があり、文飾の種類は甚だ多く、彩絵紋のほか、捺点紋、条紋と劃紋などがある。石器では打製の石斧、石鏟、石鋤、磨製の石斧、網墜（網石）、凹石、石錛、石鑿、石刀、箭鏃、石杵と玉質の飾り物がある。骨角牙器も多くあり、光沢細緻に製作されている。このほかに、木製の掘棒、尖状器、陀螺形器と木槳器などの器物、および草編、藤編、縄索などの編物もある。居民は狩猟、漁労を営み、野菜や稲米などの農作も行なっていた。出土遺物と生活方式からみれば、この時期にすでに小型の聚落が形成されたようである（注10）。

（二）圓山文化

圓山文化は台湾東北部海岸、台北盆地、新店渓下流および淡水河両岸段丘に分布し、その代表的なものは台北市圓山貝塚遺跡である。存在の年代は約四千五百年前から二千年前の時期と推定され、出土遺物には陶器、石器、玉器、骨角器などがある。陶器類は砂陶（砂混じりの陶器）が多く、素地無紋、色は紅褐、灰、黒、浅黄などがあり、両側に把手が付けられている陶缶もある。石器類は、主に磨製、打製と琢製のもので、器形は有肩石斧、有段石錛、大型扁平石斧、冠頭石斧、三角形有孔の石鏃、有槽の網墜などがある。玉器類には鑿、錛、腕環、耳飾りなどがあり、骨角器類には鏃、矛頭、鑿、錐などがある。特に注目に値する点は圓山貝塚の中から仰身直肢の墓葬が発見されたことで、これは当時すでに土葬の習慣があったことを物語っている。

圓山文化人は猪や鹿などの動物を狩猟し、豚も飼育していたようである。圓山遺跡から稲米などの植物の種が発見されたことを考えると、この時期に農耕が行なわれていたに違いない。なお、貝塚の遺跡は、圓山文化人が河や湖ないし海の貝類を大量に食べ、その貝殻が堆積して塚になったのであろう（注11）。

（三）細縄紋陶文化～牛稠子文化

細縄紋陶文化は「縄紋紅陶文化」ともいうが、これは大坌坑文化晩期を基礎にして逐次に進化してきた地方文化である。年代は推定四千五百年前から三千五百年前の間である。分布地域は台湾の沿海地帯に広く散在しており、今まですでに発見された遺跡は、台中県（現台中市）清水鎮（現清水区）牛罵頭、南投県草屯鎮草鞋墩、台南県（現台南市）仁徳郷（現仁徳区）牛稠子、高雄県（現高雄市）林園郷（現林園区）鳳鼻頭、屏東県恒春鎮墾丁と鵝鑾鼻、花蓮県寿豊郷塩寮、台東県東河郷漁橋および澎湖県馬公市鎖港など、計九十余箇所がある。近年、「南科」の南科一路と南科二路の間および右先方にも同類型の文化遺跡が発見されている。学界では台南市仁徳区牛稠子文化を細縄紋陶文化の代表としている。

出土遺物には陶器、文飾、石器、貝殻、動物骨骼、稲殻、石棺、葬具などがある。陶器類は紅陶の罐形器と鉢形器が主で、細縄紋が多く、腹部に劃紋、方格紋、籃印紋、彩絵紋などを施している。石器は打製と磨製の石鋤、長方形と半月形の石刀、長方形の石錛、石鏃、網墜、凹石があり、玉質の飾り物もある。工具類の中で、農具が最も多く、主な農産物は稲米、粟（小米）などであった。ただし、漁労と採集はなお続けられていた。農業の発達に伴って長期的定住の原始部落社会が形成されたに違いない。

「南科」で発見された同類型の文化遺跡は出土遺物によって鎖港期と牛稠子期に区分されている。鎖港遺跡は澎湖本島東南の海浜にあり、澎湖の「細縄紋文化」としては最も代表的なものである。南科一路と南科二路の間にも同類型の文化遺跡が発見され、推定年代は四千二百年前から三千八百年前の間とされている。遺跡の内容から見ると、この時期の聚落は定住の傾向があり、居民は農業や狩猟に従事する一方、海洋資源も広範に利用していた。石器は大坌坑文化（菓葉期）と同様、依然澎湖産の橄欖石玄武岩を主要材料とし、玉器は主に装飾品として利用され、骨器と貝器は工具にも装飾品にも使われていた。陶器類は砂岩や板岩の砕屑を混ぜて作られた紅褐色砂陶が主であり、最大の特徴は器面の紋様が粗縄紋から細縄紋に変わったことである。墓葬行為は前期と似ている。遺物の内容と特徴から見れば、南科の鎖港期文化は明らかに大坌坑文化（菓葉期）より発展したものである。

南科の牛稠子遺跡は右先方で発見され、存在の年代は鎖港期よりやや遅れ、約三千八百年前から三千三百年前の間と推定されている。この時期の聚落規模はさらに大きくなり、最大のものは一二ヘクタールにも達している。稲米、粟と豆類などの遺物が多く、貝類などの海洋生態遺物は減少の傾向を呈している。これは農耕を中心とする定住生活が始まったことを反映している。右先方遺跡の出土石器は南科園区の中で最も多く、石器の材料には橄欖石玄武岩、砂岩、頁岩、板岩などが使用され、磨棒の工具もあり、製作技術は前期より熟練している。陶器類は鎖港期のものとよく似ている。墓葬行為は鎖港期と変わらないが、夭折した嬰児を大甕に入れて埋葬する習慣が始まったようである（注12）。

三、新石器時代晩期

新石器時代晩期は約三千五百年前から二千年前までの時期と推定され、ほぼ中国東南沿海における新石器時代晩期と青銅器時代に相当する。台湾の圓山文化晩期にも少量の青銅器が導入されているようである。この時期の主要文化としては植物園文化、営埔文化、大湖文化、卑南文化と麒麟文化が挙げられる。

（一）植物園文化

植物園文化は台北盆地周辺、淡水河中・下流、大漢渓西岸区域に分布し、重要な遺跡は植物園、関渡、慈法宮、潭底、狗蹄山、大園尖山などがあるが、そのなかで代表的なものは台北植物園遺跡で、年代は推定約二千五百年から千八百年前の間である。考古学界は、元来植物園文化を「圓山文化」と合わせて「圓山文化植物園期」と称していたが、近年来植物園文化を単一文化と認定するようになった。

出土の陶器と石器は、ほとんどが生活用品や生活道具である。陶器類は褐色あるいは浅褐色の罐形器と鉢が主で、特徴としては把手がなく、器の表に方格状印紋や曲折紋ないし魚骨紋が施されている。石器類は、大型打製の石斧、磨製の石斧、石鋅、石鏃、網墜などがあり、大部分は農具と漁猟用具として使うものである。これによって、当時農業が発達し、人々の主要生活活動になっていたことが推測できる（注13）。

(二)　営埔文化

営埔文化は台湾中部の新石器時代晩期の文化であり、その存在は約三千五百年前から二千年前の時期で、中部の大肚渓と濁水渓中・下流一帯の段丘や丘陵地に分布している。台中県（現台中市）の大肚郷営埔、南投県の集集鎮洞角と埔里鎮大馬璘などの遺跡がその代表的なものである。分布範囲が広いため、各遺跡間の文化は多少地域性の差異を呈している。しかし、総じて共通の特徴がはっきりしている。

出土の遺物には陶器、紋飾と石器がある。陶器類は陶罐や陶鉢が多く、灰黒色がその特徴である。紋飾類の形は羽状、波浪、圓圏、点刺、彩絵、貝、弦などがあり、ほとんど紋様が施されている。石器の種類は甚だ多く、石鋤、石錛、石刀、石槍、石球、網墜などがある。なお、営埔遺跡出土の陶片の中に稲殼の痕跡があり、これはこの時期にはすでに稲作が台湾中部にまで伝わっていたことを意味する（注14）。

（三）大湖文化

大湖文化は台湾西南地域（台南・高雄一帯）の縄紋陶文化の後に出現した新石器時代晩期の文化で、灰黒陶の出土がその特色である。この文化は高雄県（現高雄市）湖内郷（現湖内区）の大湖遺跡によって大湖文化と名付けられた。重要な遺跡は大湖のほか、善化、左営、六甲頂、國母山、烏山頭、および「南科」の道爺南、三抱竹、北三舍、右先方などにある。

出土の陶器は陶容器、紡輪、網墜、陶環、陶珠および鳥頭状器などがあり、色は灰、紅二色が最も多く、彩陶と黒陶も少なくない。素質は泥質陶と砂陶が主で、大部分は無地のものである。文飾は刻画紋、縄紋、蓆紋、籃紋、方格紋などがある。石器類では石鋤、石鏃、石錛、石刀、石斧、石環、石珠、石錘などがあり、その中で板岩質の石器がより多く見られる。貝塚が遍く存在し、骨・角・貝器と玉環、玉珠などの装飾品が大量に使用されていたようである。

「南科」の大湖文化は出土遺物の特徴と炭素十四の年代測定によって大湖期、烏山頭期と魚寮期に区分できる。大湖期文化は南科園区東北外側の善化と左営および園区内の道爺南で発見され、年代は推定三千三百年前から二千八百年前の間である。出土の石器類は大幅に減り、橄欖石玄武岩の石器も逐次に減少している。陶器類においては、灰黒陶の比例が逐次に増加し、陶罐、陶鉢、陶盆などの器面によく紋様が描かれている。灰黒陶のほかに、無地の紅陶も相当な比率を占めている。

烏山頭期文化は北三舍、三抱竹、五間厝北、五間厝（下層）、五間厝南、石頭埔、石頭埔北、右先方南一、右先方南二、牛尿港、湾港、湾港南、三豊村、三宝埤、三宝埤南など十五箇所の遺跡があり、「南科」園区内において絵は大湖文化遺跡が最も多い。存在の年代は推定二千八百年前から二千年前の間である。三宝埤遺跡の面積は約一〇ヘクタールに達するが、その他の遺跡はほとんど五ヘクタール以下となっている。出土の石器は大湖期より激減したが、最も特色ある石器は石英砂岩を磨いて光沢を出した巴図型匙形石斧である。灰黒陶が主で、容器、紡輪、網墜などがある。三抱竹遺跡の密集柱洞に基づいて推測すれば、当時の聚落は集居型態に属し、家屋は列になり、墓は概ね家屋の周囲に並んでいる。

魚寮期文化は嘉義県太保市魚寮遺跡から命名されたもので、年代は推定二千年前から千八百年前の間である。同類型の文化は「南科」三抱竹遺跡の中層にも発見された。出土の石器類には石英砂岩を精密に磨いて作った巴図型匙形石斧、および大型冠頭石斧(犁)がある。陶器類は灰黒陶と紅褐陶のほか、橙皮灰胎陶もあるのが特色である(注15)。

(四) 卑南文化

卑南文化は新石器時代晩期の文化であり、時代は約三千五百年前から二千年前までと推定されている。分布地域は台東平原、花東縦谷、台東海岸山脈南部および恒春半島に及ぶが、主な遺跡は卑南、老番社、太麻里、達仁、江作地、漁場、加路蘭、都蘭、東河などである。そのうち台東市南王里卑南遺跡が最も代表的である。

卑南遺跡から出土した遺物は石棺、陪葬品、日用品および建築の形跡が含まれている。石棺は板岩で作られた板岩石棺が主で、陪葬品には陶罐、陶壺、陶杯、陶紡輪などの陶器類のほか、石質ないし玉質の頭飾、耳飾、首飾、胸飾、箭頭、矛頭などがある。日用品は石刀、石鎌、石杵、石矛、石鏃、石針、凹石、石棒、石網墜などの石器類、および陶罐、陶紡輪、陶環などの陶器類がある。建築形跡は立石構造、鋪石地面、砌石牆、砌石圏などが残っている。

卑南遺跡の総面積は約八〇ヘクタールであり、重要部分が少なくとも二、三〇ヘクタールある。一九八〇年から一九八八年まで、計一万余平方メートルが発掘され、千五百余の墓および数万件の陶器と石器が出土した。これは台湾考古学史上最大規模の遺跡であると同時に、今まで台湾で発見された新石器時代晩期の最大聚落である。当時卑南の居民は穀類農業、狩猟、採取を生計とし、石砌の長方形居屋に住み、屋外に貯蔵設備があり、聚落内には陶器と玉器の製造工房が建てられている。ちなみに、一九八八年七月、行政院内政部が正式に卑南遺跡を台湾地区の一級古跡として公布した（注16）。

（五）麒麟文化

麒麟文化は「巨石文化」ともいうが、年代は三千年前から二千年前までと推定されている。考古学者は、ほとんどこれを卑南文化と同時に存在していた台湾東海岸の別類型の文化と見ている。この文化は主に花蓮県秀林郷の太魯閣から台東県成功鎮の都蘭の海岸山脈東側緩坡（だらだら坂）の平野に分布している。発掘された遺跡は麒麟、長光、白守蓮、八桑、忠勇、都蘭など十余箇所であり、成功鎮の麒麟遺跡がその代表的なものである。

出土の陶器類は紅褐色の砂陶が主で、大多数は無地無紋である。石器類は打製の石鋤、石錛、石鑿、石矛、石刀、石網墜などのほか、大型の石造物もあるのがこの文化の特色である。石造物は岩石を利用して彫造された岩棺、岩壁、巨石、単石、石像、石輪、石柱、中孔石盤（石盤の中央に孔がある）などがある。宋文薫教授の推測では、これらの石造物は、祭祀やその他の儀礼に使われた可能性がある。

以上述べた五千年前から二千余年前までに出現した地域類型文化と遺跡分布状況を見ると、この時期における台湾の人口は大幅に増加して聚落の規模がより大きくなり、社会形態は逐次に複雑となった。そして聚落の分布は海岸地帯から次第に内陸の渓谷へ拡大して行った。生計上、この時期の居民は、自然環境の資源の開発と利用のほか、普遍的に稲米などの穀類作物を栽培し、工芸技術も著しい進歩を見せている。一般的にいえば、これらの文化の来源は大坌坑文化を基礎にして発展してきた可能性があり、台湾近隣地域からの導入、または相互交流によって発展してきたものもあろう。

第三節　金属器時代

金属器時代とは人類が金属を用いるようになった時代であるが、使用開始の前後によって青銅器時代と鉄器時代に分けられる。人類が長い石器時代を経て、最初に利用した金属は銅である。最初の段階は自然銅の採集にたよっていたが、その後、鉱石を溶かして銅を抽出する冶金術が発達し、純銅よりも堅硬な合金である青銅が造られるようになった。この技術は、偶然、錫分を含む鉱石が混入したことによって生じた結果から発見されたものと推察される。

青銅器時代は約三千年前から二千年前の時期と推定されている。考古学上の知見では、青銅器は西アジア地方で初めて発見されたという。中国では殷・周の時代が青銅器時代に当たる。殷王朝の時代からすでに青銅器が盛んに作られていた。製品には食器、酒器のほか、鐘鼎などの礼・楽祭器、および斧斤、戈戟、刀剣、矢鏃、車具、馬具などの兵器がある。このような中国古代青銅器の盛期は、一応漢代で終わった。日本では弥生時代に大陸から青銅器と鉄器が同時にもたらされたため、青銅器時代は設定されていない（注17）。

鉄器時代は利器（刃物、兵器など）、農具、工具などの材料として、鉄が用いられた時代である。西アジアでは約三千年前に早くも製鉄技術が知られていたが、中国では春秋の初めころに鋳鉄で農具や工具を造ることが開始され、戦国の末から前漢初頭にかけて鋳鉄の器具がかなり普及していた。鍛鉄の兵器は戦国の終わりころに現れ、前漢に入って完全に普及したらしい。鉄器の普及は農業技術に一大転機をもたらし耕作、開拓、灌漑を能率的にしたのみならず、戦争の形態にも大きな変化をもたらした。このような鉄器文化は、華北を中心に発達し、東北地区を経て朝鮮半島に伝わり、また日本にも影響を及ぼしている（注18）。

台湾も大陸の影響を受けているが、しかし、青銅器時代と鉄器時代という区別はせず、金属器時代と総称している。およそ西暦紀元前後、台湾の先史文化に重大な変化が見られた。即ち鉄を材料とした生産工具の製作と使用により、台湾の先史時代が石器時代から金属器時代に入ったことである。金属器時代はこれ以後四百年前まで続き、その後、文字や記号の文献史料の研究が可能になって歴史時代に移行した。台湾の金属器時代については多くの地域的文化が発見され、それには十三行文化、番仔園文化、大邱園文化、蔦松文化、静埔文化と亀山文化などがある。

（二）十三行文化

十三行文化は主に台湾北部海岸と台北盆地に分布しているが、桃園、新竹、苗栗諸県の沿海地区および花蓮県北部の立霧渓流域にもこの文化の遺跡が発掘されている。年代は約二千前から五百年前の時期と推定されている。重要な遺跡には十三行、小基隆、西新荘子、社子などがある。そのうち台北県（現新北市）八里郷（現八里区）十三行の遺跡が最も代表的であることから、「十三行文化」と命名された。

出土の遺物には金、銀、銅、鉄などの金属器および鉄製の生産道具と武器があり、錬鉄の工房もある。これは当時の居民はすでに錬鉄の知識と能力を備えていたことを物語っている。凹石、石鎚、砥石、石支脚、石紡輪など石器、および矛、鏃、魚鉤、装飾品など骨角器もあるが、数は少ない。最も多いのは紅褐色の陶器で、素質は堅くて強い。大多数は砂混じりの陶罐、陶瓶、陶鉢、陶盆、陶瓶で、表面に方格紋、圓圏紋、刺点紋、平行紋などの幾何形花紋が飾られている。台湾北部のケタガラン（凱達格蘭）族と蘭陽平原のカヴァラン（噶瑪蘭）族は近代まで同様な紋陶を使用していたと見られている。このような幾何形紋陶は中国南方沿海で発見されたものとよく似ている。

当時の聚落は主に海辺と湖畔にあり、居民は稲米などの穀類を栽培して生計を営むが、漁撈、貝取と狩猟は依然として重要な生活方式であった。彼らは島内および漢人を含む島外の人たちと交易を行なっていた。交易の品物には漢人の銅器、銅銭、瓷器（磁器）、および金、銀、銅、玻璃（硝子）などの装飾品が含まれていた。十三行遺跡から唐宋時代の漢人陶碗、銅銭と瓷片が出土している。なお、この時期の居民はすでに宗教信仰があり、側身屈肢の埋葬が行われ、墓には陪葬品がある（注19）。

（二）番仔園文化

番仔園文化は台湾中部海岸と大肚山台地一帯に分布し、主な遺跡は番仔園、麻頭路、清水、鹿寮、山脚、龍泉村、山仔脚、恵来などがあり、台中県（現台中市）大甲鎮（現大甲区）の番仔園遺跡がその代表的なものである。年代は約二千年前から四百年前と推定されている。出土の陶器は灰黒色の陶罐、陶瓶、陶鉢が主で、紅褐色陶もある。表面に方格紋、圏点紋、刺点紋、魚骨紋、波浪紋、曲折紋などが描かれている。石器は打製の石鋤、石斧と石刀および磨製の長方形石刀、馬鞍形石刀、凹刀などがあるが、主要なものは礫石の打製石刀である。骨角器、玻璃、瑪瑙珠、鉄刀、貝塚も発見されている。鉄刀の使用は番仔園文化が鉄器時代に入ったことを示すものである。

石刀、鉄刀と貝塚の出現は当時居民が漁労、狩猟および穀類農作などを主とした生活を営んでいたことを示している。埋葬は成人、児童とも俯身葬が行われたが、しかし両腕の置き方において男女の区別がある。即ち男性は両腕を交叉して背後に置き、女性は身体の両側に置いている。頭は東向けが多く、陶罐で死者の頭部を覆ったものもある。これは番仔園文化の最大の特色である（注20）。

（三）大邱園文化

大邱園文化は番仔園文化と同時期の鉄器時代文化である。年代は推定約二千年前から千年前の時期で、濁水渓中流渓谷地域に分布している。主な遺跡は南投県集集鎮の大邱園と田寮園などである。出土の陶器類は粗砂混じりの紅褐色無地軟陶が最も多く、灰黒陶もあるが数は少ない。器形は罐と鉢が主で、紡輪と陶環などもある。石器は種類が多く、石鋤、石斧、石刀、石錛、石鑿、石鏃、円盤形石器、石墜（網石）などがある。鉄器は発見されていないが、鉄器時代の十三行文化と番仔園文化によく見られる玻璃管珠が出土しているので、この文化の居民は中部海岸地帯における鉄器文化の居民と交易を行っていたに違いない（注21）。

（四）蔦松文化

蔦松文化は台湾の西南部に分布し、その範囲は嘉南平原から高屏平原とその丘陵地に及んでいる。台南県（現台南市）永康郷（現永康区）の蔦松遺跡がその代表的なものである。このほかに、西寮、烏山頭水庫（ダム）、大内、湖内、および「南科」の道爺、道爺南、三抱竹、右先方、五間厝、看西などにも同類の遺跡が発掘されている。年代は約二千年前から四百年前と推定されている。

出土の遺物は陶器、石器、鉄器、骨角器、貝塚、墓穴と陪葬品などである。陶器類は細砂交じりの紅褐陶が主で、黒陶も少し出土している。種類は多数あり、陶罐、陶鉢、陶環、陶紡輪、陶支脚、陶網墜、陶珠、鳥首状陶製品などがあるが、文飾のものは少ない。石器類は甚だ稀少で、石鋤、石刀、石錛と凹石の類しかない。鉄器類は魚鈎、槍頭、矛頭などの生活道具が主である。骨角器類は骨珠、両頭尖器、直排穿孔骨器、骨尖器、骨耳飾、紋飾骨牌、魚骨、魚骨製の器物など、類型はいろいろある。このほかに、玻璃珠、玻璃環も若干出土している。

この時期の聚落規模は比較的大きいほうである。墓葬は竪穴土坑に死者の頭を北に向けて仰身直肢の形で埋葬し、多くの陪葬品、例えば陶容器、陶環、陶珠、陶紡輪、陶網墜、石器、鉄器、骨器、玻璃珠などが使われていた。

「南科」園区で発掘された蔦松文化は鞍子期、蔦松期と看西期の三期に区分される。鞍子期文化は道爺、三抱竹上層、右先方上層、五間厝南上層で発見され、年代は推定約千八百年前から千四百年前の間である。遺跡の面積が最も大きいのは道爺遺跡で、約八ヘクタールに達し、その他の遺跡はほとんど一ヘクタール以下のものである。稲米、薏苡（鳩麦）などの農産物が多く、これは農耕を中心とする聚落が形成されていたことを示すものである。石器の工具がなく、その代わりに鉄製の工具が出土している。陶器類は白い粉の砕礫が混じった泥質陶に近い無地の紅陶が主で、特に罐形器や鳥頭状器が多く、これは鞍子期特有のものである。墓葬は他の蔦松遺跡と似ている。

「南科」の蔦松期文化は五間厝、道爺南、柑港などの遺跡で発見され、五間厝遺跡がその代表である。年代は約千四百年前から千年前の間と推定されている。聚落の規模は約六ヘクタール、生態遺物は前期道爺遺跡と似ている。工具は大部分が鉄製で、魚鉤、槍頭、箭頭などがある。陶器類は無地の細砂紅陶が主で、器型の上に紐、矮圏足がある。墓葬は前期と変わらない。

看西期文化は「南科」園区西南の外側の看西、大洲、八角寮などの遺跡で発見され、看西遺跡がその代表である。年代は推定約千年前から五百年前の間である。看西遺跡には豊富な貝類が出土しているが、石器は極めて少ない。陶器は紅褐色細砂陶が主で、器型は前期のものと相似ている。装飾品は玻璃器が主である（注22）。

（五）静埔文化

静埔文化は主に花蓮・台東海岸一帯に分布し、台湾の先史文化としては晩期のものである。年代は一五〇〇年前から数百年前の時期と推定されている。遺跡は花蓮県豊浜郷静埔、および台東県長浜郷白桑安と東河郷馬武窟渓南岸で数箇所発掘された。主な遺跡には静埔、白桑安、七里橋、都橋などがあるが、考古学者は静埔遺跡を代表として「静埔文化」と命名した。

出土の陶器類は紅褐色の砂陶が主で、器形は罐、釜、鉢、甕、瓶、杯、皿などがあり、大多数は無地無紋で、陶器の両側に把手が取りつけられているものもある。石器の数量と種類は非常に少なく、石鋤、石錛、石杵と石鎚しかない。このほかに、鉄器、青銅器、玻璃器、陶磁器と釉陶器も出土している。墓葬の遺跡から見ると、早期においては石板棺直葬が行われていたが、晩期には坐姿屈肢葬式に変わった。白桑安遺跡で発見された墓には豊富な倍葬品があり、青銅項飾、銅鈴、金飾、玻璃などが含まれていた。当時農業はかなり進んでいたが、居民はなお漁撈、狩猟と採取などの生産活動を行っていたようである。学者の間には静埔文化をアミ（阿美）族の祖先と主張するものもいる（注23）。

（六）亀山文化

亀山文化は屏東県墾丁国立公園内の海洋生物博物館付近の亀山遺跡を代表とし、年代は一六〇〇年前から一三〇〇年前の時期と推定されている。出土の遺物には陶片、陶紡輪、陶環、陶偶（土偶）、釉硬陶、打製と磨製の石鋤、石斧、凹石、網墜、貝刮器、骨尖器、獣骨、貝殻、鉄器、銅環、玻璃環などがある。陶容器は橙色無地陶が主で、紋飾のものもある。紋飾は圧印、刻劃、刺点などの方式で人形紋、弦紋、幾何紋、条紋、雲雷紋を入れている。この種の紋飾陶器は東部の初鹿、旧香蘭などの遺跡にも発見されている。紋飾陶器は亀山文化の最大の特徴である。紋飾陶器のほか、亀山文化の装飾品は動物の牙や骨を材料にして造ったものが多数ある。例えば穿孔猪牙、穿孔狗牙、穿孔雲豹牙、穿孔人歯、穿孔鯊魚牙、穿孔鯊魚脊椎骨などである。出土の遺物から見れば、当時の居民は生計手段として農耕、漁撈、狩猟、採取を兼ねていたようである（注24）。

以上述べた六つの鉄器時代文化を見ると、次の三点が指摘される。第一に、鉄器時代の居民生活は基本的には前段階の時代と類似しているが、しかし、生産道具はすでに石器から鉄器へ移行しつつあるので、農業生産の効率が向上した可能性がある。第二に、鉄器時代の遺跡から出土した玻璃と瑪瑙の装飾品、青銅器、金銀器、中国の銅銭と磁器などは、この時期の台湾島民が内外と頻繁に交易を行っていた証拠である。第三に、台湾の先史文化は強勢の漢文化と接触し、逐次に漢文化に同化されることになった。

〈注釈〉

（1）劉益昌撰「台湾的考古遺址」（張炎憲・李筱峯・戴寶村主編『台灣史論文精選』上、二九～四二ページ）。呂理政著『卑南遺跡與卑南文化』、五ページ、国立台湾史前文化博物館籌備処出版。

（2）臧振華・李匡悌・朱正宜共著南科考古発現専輯『先民履跡』八～一〇、七〇～八一ページ。

（3）国立台湾史前文化博物館（委託機構）・中央研究院歴史語言研究所（執行機構）編纂の「南科史前文化住民歴史及生活方式復原與変遷展示内容研究計画」（一）、期末報告（初稿修訂）、第一単元「台湾史前文化概論」、一の一二二～一二三ページ）。臧振華著『台湾考古』、四〇～四三ページ　文化資産叢書（古跡類）、行政院文化建設委員会策画出版・芸術家出版社編修製作。黄秀政・張勝彦・呉文星共著『台湾史』、一四ページ、五南図書出版公司、二〇〇八年。

（4）前掲臧振華著『台湾考古』、四〇ページ。前掲「南科史前文化住民歴史及生活方式復原與変遷展示内容研究計画」（一）、期末報告、第一単元「台湾史前文化概論」、一の八五ページ。

（5）劉益昌著『台湾的史前文化与遺址』一三ページ、台湾省文献委員会・台湾史跡源流研究会発行。

(6) 京都大学文学部国史研究室編『日本史辞典』(改訂増補版)・「新石器時代」の条、二六六ページ、東京創元社刊。
(7) 京都大学文学部東洋史研究室編『東洋史辞典』・「新石器時代」の条、三六五ページ、東京創元社刊。
(8) 前掲臧振華著『台湾考古』、四四~四六ページ。前掲臧振華・李匡悌・朱正宜共著南科考古発現専輯『先民履跡』七〇~七一ページ、台南県政府編出。前掲黄秀政・張勝彦・呉文星共著『台湾史』、一六ページ。
(9) 前掲劉益昌著『台湾的史前文化与遺址』三〇~三三ページ。
(10) 前掲臧振華著『台湾考古』四九~五〇ページ。前掲「南科史前文化住民歴史及生活方式復原與變遷展示内容研究計画」一の三〇ページ。
(11) 前掲臧振華著『台湾考古』四七~四八ページ。前掲「南科史前文化住民歴史及生活方式復原與變遷展示内容研究計画」一の一二~一三ページ。
(12) 前掲臧振華著『台湾考古』五〇~五三ページ。前掲臧振華・李匡悌・朱正宜共著南科考古発現専輯『先民履跡』七一~七四ページ。
(13) 前掲臧振華著『台湾考古』五六ページ。前掲「南科史前文化住民歴史及生活方式復原與變遷展示内容研究計画」一の三八ページ。
(14) 前掲臧振華著『台湾考古』、五六ページ。前掲黄秀政・張勝彦・呉文星共著『台湾史』、一九ページ。
(15) 前掲臧振華著『台湾考古』五六~五七ページ。前掲「南科史前文化住民歴史及生活方式復原與變遷展示内容研究計画」一の一〇四〜一〇五ページ。前掲臧振華・李匡悌・朱正宜共著南科考古発現専輯『先民履跡』七四〜七七ページ。
(16) 前掲呂理政著『卑南遺跡與卑南文化』、六〜八ページ。前掲臧振華著『台湾考古』五七〜六一ページ。
(17)『アジア歴史事典』第五巻・「青銅器」の条、一九〇〜一九三ページ、平凡社。
(18) 同上、第六巻・「鉄器時代」の条、四三四〜四三五ページ。
(19) 前掲臧振華著『台湾考古』六二〜六四ページ。前掲「南科史前文化住民歴史及生活方式復原與變遷展示内容研究計画」一の四一ページ。前掲黄秀政・張勝彦・呉文星共著『台湾史』、二一〜二二ページ。
(20) 前掲臧振華著『台湾考古』六六ページ。前掲「南科史前文化住民歴史及生活方式復原與變遷展示内容研究計画」一の七八ページ。
(21) 前掲臧振華著『台湾考古』六六ページ。前掲「南科史前文化住民歴史及生活方式復原與變遷展示内容研究計画」一の八二ページ。
(22) 前掲臧振華著『台湾考古』六六〜六九ページ。前掲「南科史前文化住民歴史及生活方式復原與變遷展示内容研究計画」一の一一二〜一一三ページ。前掲臧振華・李匡悌・朱正宜共著南科考古発現専輯『先民履跡』七七〜七九ページ。
(23) 前掲臧振華著『台湾考古』六九〜七〇ページ。前掲「南科史前文化住民歴史及生活方式復原與變遷展示内容研究計画」一の一六一ページ。前掲黄秀政・張勝彦・呉文星共著『台湾史』、二三ページ。

(24) 前掲臧振華著『台湾考古』七〇ページ。前掲「南科史前文化住民歴史及生活方式復原與変遷展示内容研究計画」一の一一九ページ。

第三章　台湾の原住民

第一節　台湾原住民の由来

台湾の土着民族の呼称は時代によって異なる。中国の文献では古代から清朝まで、台湾の土着民族は「東夷」または「東蕃」と呼ばれ、「化外」すなわち中国文化の恩恵に浴していない野蛮人扱いにされていた。台湾省文献委員会編『台湾省通志稿』によると、台湾に入植してきた漢人は、原住民が自分たちに同化されているか否かによって、「熟蕃」（同化されたもの）と「生蕃」（同化されていないもの）とに分ける一方、居留地域によって「平埔蕃」（平地に住むもの）と「高山蕃」（山地に住むもの）とに区別して呼んできた。なお、清朝時代の文献にも、台湾の原住民を「土番」、「野番」、「生番」、「熟番」、「化番」（漢化程度が「生番」と「熟番」の間のものは「帰化生番」ともいう）、「山番」、「平埔番」などの称呼が各種の記録によく見られる（注1）。

日本統治時代では「蕃人」（番人）ないし「高砂族」という呼称が使われていた。戦後初期、中華民国政府は土着民族を「山地同胞」（略称「山胞」）と総称し、さらに居留地によって「平地山胞」と「山地山胞」に区別して呼んでいたが、しかし、「山胞」という呼称は人種差別の意味があると見なされ、後に「原住民」の呼称を使用することになった。

一、南島語族に属する台湾原住民

南島語族とはオーストロネシア語族（Austronesian）で、マレー・ポリネシア語族（Malayo-Polynesian）ともいう。南島民族の起源は何処なのか、また台湾の原住民は何処から移住してきたのか、この二つの問題について、諸説紛々として定説がない。台湾の中央研究院の院士・李壬癸博士はその大著『台湾南島民族的族群與遷徙』（注2）の中で、国内外の代表的な各種学説を紹介した上で、それぞれの主張を客観的に比較検討して、さらに豊富な文献や史料を駆使し緻密に分析を加えて自分の見解を述べている。本節は李壬癸博士の大作を拝借して南島民族の起源地と台湾原住民の由来を略述したい。

李壬癸博士の研究によると、南島語族は太平洋のインドネシア、フィリピン、台湾、ニューギニア、ニュージーランド、ハワイ、ミクロネシア、メラネシア、ポリネシア、およびインド洋のマダガスカル、マレー半島、インドシナ半島などに遍く分布している。南島語族の言語は約千二百種類を数えるが、言語類型に基づいて区分すれば二大系統の族群となる。台湾、フィリピン、大スンダ列島（ボルネオ、スマトラ、ジャワ、スラウェシ諸島からなる）およびこれ以西の諸島や半島の語系は西部南島民族と呼ばれ、以東の大洋洲語系は東部南島語族と呼ばれる（注3）。

分布地域が洋上に浮かぶ島々や大陸と接する半島にあるので、移住の交通手段として船は絶対欠かせないものである。したがって、南島語族は航海に長けているのみならず、造船と航海の技術も数千年前からすでに相当なレベルに達していたに違いない。

南島民族の起源地について、学界では、従来は中国大陸説、インドシナ半島説、太平洋のミクロネシア地域説、ニューギニア地域説などがあったが、近年来台湾説がより有力になった。つまり、南島民族は分化する以前、台湾に居住していた可能性があるということである。しかし、李壬癸博士は、「南島民族の起源地はインドシナ半島沿海一帯の可能性が最も大きい。その他の地方、例えば中国大陸、台湾、ニューギニア、メラネシア、スマトラ、ミクロネシアの可能性はいずれも相対的に低い。各種の証拠は皆インドシナ半島と中国南部地域を示し、多数の権威ある学者も同様の主張をしている」という結論を下している（注４）。

南島語族の起源と拡散について、中央研究院歴史語言研究所副所長・臧振華博士も優れた論文を著している。彼は「再論南島語族的起源與拡散問題」という論文の中で、「元来南島語族が大陸東南沿海から東アジア及び太平洋諸島に拡散した主要経路は、台湾海峡を渡って台湾に到達するほか、主に福建、ベトナム海岸に沿って南シナ海を渡ってサラワクに到達し、並びに継続してフィリピンに伸びて、それからさらに逐次にボルネオ、マレー半島の南部、インドネシア群島へ拡散し、最後には大洋洲の諸島に遍く分布していった」と述べ、そして「台湾と周辺地区に出現した新考古資料によれば、元来南島語族の居住地は福建南部からベトナム北部海岸の間にある南シナ海北岸の海岸地帯にあった筈であるが、最中心地は珠江であった。なお、長期にわたって海洋環境に対する適応及び航海技術の進歩、あるいは目的性や意外性の複雑な動機と要因により、この長い海岸地帯から多元的な経路を経て、東南アジア諸島へ拡散していった」と結論付けた（注5）。

二、台湾原住民に関する遺跡文化

南島民族の台湾原住民は、先史時代（四百年前までの時代）からずっと台湾に居住し、漢人が大量に移住してくるまで、彼らは台湾の主人公であった。しかし、先史時代において文字記録がないので、南島民族が何時、何処から、そして如何に台湾に渡来してきたかの問題を解明するには考古学、言語学、人類学、生物学などに頼らざるを得ない。考古学者は炭素十四の年代測定方法を利用し、地層の深浅および出土の器物を根拠に各文化層の時代前後と文化類型を判断することができる。しかし、出土の遺物（生活道具、器物、住居形跡、墓葬方式、聚落の規模、人や動物の骨格、穀物や魚介類の痕跡など）および文化類型はどの族群に属するものか、考古学の方法だけでは断定できない。これを鑑別するには言語学、人類学、生物学の力を借りなければならない。

台湾は南島語族分布地域の最北端にあり、地理的にはアジア大陸と南洋群島に連接する枢軸である。したがって台湾の原住民はアジア大陸および南洋群島の民族と密接な関係があることはいうまでもない。これは第二章の先史時代に述べた幾つかの文化類型によって裏付けされる。例えば、長浜文化（二万五千年前～二万年前）の石器類は東アジア大陸系統の旧石器時代の礫石砍器文化に属し、華南および東南アジアの打製石片文化とも直接関連がある。左鎮人（三万年前～二万年前）については氷河期にアジア大陸から台湾海峡の陸橋を渡って台湾に移ったという。網形文化（約一万年前）は中国南部から伝わってきた可能性がある。大坌坑文化は中国福建、広東両省の早期新石器時代文化と密接な関連がある。十三行文化（二千年～五百年前）の幾何形紋陶は中国南方沿海で発見されたものとよく似ている。以上の例はいずれも推定であるが、地縁関係から考えれば、その信憑性は否定できない。

漢人が台湾に移住してくる前、南島語系の台湾原住民は台湾各地に広く分布していた。台湾考古学界は族群と居留地の相関関係に基づき、概ね台湾の先史文化を台湾原住民の祖先が残したものと考えている。この点について、中央研究院歴史語言研究所劉益昌教授はなお考証を要すると指摘した上で、次のように述べている。「大づかみに言えば、台湾地区における旧石器時代晩期およびその持続型文化はどの族群の人類が遺留したものかを確認するのは不可能である。新石器時代以降の先史文化の大部分は南島系民族が遺留したものであり、最古の大坌坑文化は台湾の南島族群が紀元前二千～五千年の間の具現であることを示している」（注6）。

大坌坑文化と南島語族の関係について、臧振華博士は「台湾の新石器時代文化の低層は大坌坑文化であり、この文化が持続発展して細縄紋陶文化となって台湾全島（西部から東部、海岸から内陸）、及び本島から周辺の小島へ拡散し、そして台湾後期先史文化の主要基幹となった。したがって、張光直の推測の如く、大坌坑文化は台湾最古の南島語族を代表する可能性があるという意見は疑いなく受け入れられる」としている（注7）。

台湾の原住民と南洋諸島の民族の関係は特に密接であり、甚だしきに至っては相互の間に親族関係がある。考古学、人類学、言語学などの研究成果によると、十七世紀漢人が台湾に移住するまで、台湾原住民はすでにこの島に約八千年も活動していた。その間、台湾の原住民と南洋諸島の民族、すなわち南島語族の相互交流は絶えることなく、ずっと続けられていた。ヤミ（Yami、雅美族＝タウ、Tao、tau、達悟族）の言語とフィリピン・バターン諸島の住民の言語が非常に近く、現在も互いに通じるので、双方の文化年代はそれほど遠くない数百年前のことであろう（注8）。

第二節　台湾原住民の種族とその分布

元来台湾の主人公はオーストロネシア系諸族に属する原住民であったが、十七世紀以降漢人の台湾移住により、原住民は少数民族に転じた。現在台湾二千三百余万の人口のうち、漢人が約九八％を占め、原住民は二％（約四十余万人）にすぎない。

すでに述べたが、台湾に入植してきた漢人は、原住民が自分たちに同化されているか否かによって、「熟蕃」と「生蕃」に分ける一方、居留地域によって「平埔蕃」と「高山蕃」とに区別して呼んでいた。また、統治上・文化上によって区別する説もある。すなわち、「漢人はその政府の命令に服従し、幾分教化に就いた蕃人を熟蕃、全くその政令に服さない蕃人を生蕃と呼んだ」（注９）。

熟蕃（平埔蕃）は主に西部の北中南の平野に漢人と群居し、漢人の生活方式や風俗習慣を学び、漢人と婚姻を結ぶなどによって次第に漢化された。日本統治時代の初期には、平埔蕃はいくぶん漢人と見分けができたが、漢化が年とともに進み、現在その区別が極めて難しくなった。戦後、熟蕃の人口は約五万人とされているが、居住区がまちまちである上に、漢人との通婚もあって、純平埔蕃の人口を統計するのは事実上不可能である。したがって、現在政府は平埔族を原住民として認めていない。

一、平埔族原住民の種族とその分布

文献によると、過去に存在していた平埔蕃は次の諸族が挙げられる。すなわち、クヴァラン（Kavalan、噶瑪蘭族）、ケタガラン（Ketagalan、凱達格蘭族）、タオカス（Taokas、道卡斯族）、パゼヘ（Pazeh、巴則海族＝巴宰族）、パポラ（Papora、巴布拉族）、バブザ（Babuza、巴布薩族＝貓霧捒族）、ホアニア（Hoanya、洪雅族）、シラヤ（Siraiya、西拉雅族）、マカタオ（Makatao、馬卡道族）などの九種族であった（注10）。そのうち、クヴァラン族は、二〇〇二年に政府の認可を得て原住民種族となったので、現在平埔族は八種族しかない。

（一）ケタガラン（Ketagalan、凱達格蘭族）：台北盆地を中心に基隆市、台北市、新北市の淡水、瑞芳、貢寮、板橋、新店、桃園県北部一帯に分布し、霄裡社、擺接社、秀朗社、八里坌社、小鶏籠社、大鶏籠社、三貂社など、多数の聚落があった。しかし、十七世紀以降、漢人の入植によって次第に漢化され、現在は漢人とほとんど変わらない。ケタガラン族の名残として、現在の台北市の艋舺、大龍峒、北投、唭哩岸（北投区立農里と東華里）、新北市の八里、秀朗（中和区）などの地名はケタガラン語から音訳したものである。

（二）タオカス（Taokas、道卡斯族）：新竹県、苗栗県、台中市一帯の沿海平野地域に分布していた。竹塹社（新竹県）、後壠社（苗栗県後龍）、呑霄社（苗）、苑裡社（苗栗県）、大甲社（台中市）などの聚落があり、そのうち大甲社がタオカス族の中核であった。考証によると、大甲の地名は道卡斯に由来する。

（三）パゼヘ（Pazeh、巴則海族＝巴宰族）：台中市豊原区を中心とする内陸地帯に分布し、その範囲は、北の大甲渓河岸、南の潭子、東の東勢、西の大杜山に及んでいたが、現在は埔里盆地が主要な居留地になっている。主な部落は、岸裡社、烏牛欄社、朴仔籬社、阿里史社などがあり、そのうち岸裡社が最大の部落であった。パゼヘ族は現在も自己の言語と伝統を保持しているので、原住民として認定されるよう政府に働きかける運動を展開している。

（四）パポラ（Papora、巴布拉族）：西部海岸の大甲渓以南、大杜渓以北の平原地帯に分布し、主要部落は沙轆社、牛罵頭社、大杜社、水裡社などがあり、活動範囲は現在の台中市沙鹿、梧棲と清水一帯に及んでいた。

（五）バブザ（Babuza、巴布薩族＝貓霧捒族）：大杜渓以南から濁水渓以北の海岸地域に分布し、彰化平原と台中盆地西南の地帯を含む。主な部落は東螺社、西螺社、二林社、眉里社、半線社、柴仔坑社、阿東社、貓霧捒社などがあった。

（六）ホアニア（Hoanya、洪雅族＝和安雅族）：台中市霧峰以南から台南市新営以北の山麓周辺の平野、とりわけ彰化、南投、雲林と嘉義一帯に広く分布していた。万斗六社、大武郡社、貓羅社、大突社、北投社、南投社、斗六門社、他里霧社、打貓社、諸羅山社、哆囉嘓社などの部落であった。

（七）シラヤ（Siraiya、西拉雅族）：平埔族最大の種族で、西拉雅本族のほかに、大満族（大武壟族）

と馬卡道も含まれている。台湾西南部の嘉南平原から恒春半島までの広範な地域、及び台湾東部の台東と花蓮一帯に分布していた。主な部落は蕭壠社、麻豆社、目加溜湾社、新港社、大目降社、大武壠社、霄里社、芒仔芒社、茄抜社、上淡水社、下淡水社などがあった。、

文献の記載によると、漢人が大量に入植する前、台南平野は原住民西拉雅族の主要活動地域であった。「南科」園区はちょうど同族の目加溜湾（ヴァカルワン）社と新港社の間に位置している。「南科」の考古発掘によって園区西南側の大道公遺跡から高密度の西拉雅文化の遺物が発見された。年代は約五百年前から三百年前の間と推定されている。

（八）マカタオ（Makatao、馬卡道族）：学界では、マカタオ族をシラヤ族の三大系統の一つと主張する説があるが、独立した種族という説もある。台湾最南部の高雄、屏東一帯に分布し、部落として最も有名なのはいわゆる「鳳山八社」、すなわち上淡水社、下淡水社、放索社、茄藤社、力力社、阿猴社、塔楼社、武洛社である。

二、高山族原住民の種族とその分布

高山族は主に中央山岳地帯、東部海岸および小島嶼に居住し、生蕃（高山蕃）と呼ばれていた時期もあったが、現在は原住民と称され、人口は約四十五万人と推定される。各種族は体質、容貌、骨格、言語、風俗習慣、生活方式などにおいて、それぞれ特徴があり、民族学

的にはっきりとした相異がある。元来はサイセット（Saisiyat、賽夏族）、アタイアル（Atayal、泰雅族）、ブヌム（Bunun、布農族）、ツオウ（Tsou、鄒族または曹族）、ルカイ（Rukai、魯凱族）、パイワン（Paiwan、排湾族）、アミ（Ami、阿美族）、ピナンまたはピューマ（Puyuma、卑南族）、タウ（Tao、tau、達悟族、旧称ヤミ、Yami、雅美族）の九種族だけであった（注11）。しかし、二〇〇一年から二〇一二年まで、政府の認可を得て原住民が相前後して五種族も増え、計十四種族となった。

新たに認可された原住民は、サウ（Thao、邵族）、クヴァラン（Kavalan、噶瑪蘭族）、タルク（Taroko、Truku 太魯閣族）、サキザヤ（Sakizaya、撒奇莱雅族）、セティク（Seediq、賽徳克族）の五種族である。サウ族は元来ツオウ族の平地原住民と見られていたが、二〇〇一年にツオウ族から独立し、政府の認可を得て第十番目の原住民種族となった。クヴァラン族は元来平埔蕃に列せられていたが、二〇〇二年に政府の認可を得て第十一番目の原住民種族となった。タルク族は日本統治時代にアタイアル族の一群に列せられ、二〇〇四年政府の認定を得て第十二番目の原住民種族となった。サキザヤ族は日本統治時代にアミ族の一群に分類され、二〇〇七年に政府の認定を得て第十三番目の原住民種族となった。セティク族は元来アタイアル族の一群に列せられ、二〇〇八年政府の認定を得て第十四番目の原住民種族となった。十四種族の分布地域は次のとおりである。

(一) サイセット (Saisiyat、賽夏族)：北賽夏と南賽夏の両群があり、前者は新竹県五峰郷に分布し、後者は苗栗県南庄郷と泰安郷里に分布している。このほかに、新竹県竹東鎮にも賽夏族の集落がある。居住地はアタイアル族と隣接しているので、風俗習慣や社会組織はアタイアル族に深く影響されている。人口は約四、五千人。

(二) アタイアル (Atayal、泰雅族)：元来はアタイアル亜族とセティク (Seediq、賽徳克) 亜族の二系統に区分されていたが、セティク族は二〇〇八年に政府の認定を得てアタイアル族から独立した。現在のアタイアルはセコレク (Sekoleq、賽考列克) 群とツエオレ (Tseole、澤敖列克) 群によって構成され、前者は新北市烏来区、南投県仁愛郷、宜蘭県大同郷、桃園県復興郷、新竹県五峰郷、台中市和平郷に分布し、後者は南投県仁愛郷、新竹県五峰郷、台中市和平郷の三地域に集中している。分布地域は台湾北部の新北市烏来区から中部の南投県仁愛郷までの各県の山岳地帯に及んでいる。人口は約七万五千人。

(三) ブヌム (Bunun、布農族)：台湾中部の南投県から高雄市までの中央山脈の両側に分布し、居住地はほとんど海抜一〇〇〇～二〇〇〇メートルの山地にあり、まさに典型的な高山族原住民である。同族の聚落は南投県の仁愛郷、信義郷、高雄市の桃源区、那瑪夏区 (旧称「三民郷」)、屏東県の瑪家郷、花蓮県の卓渓郷、玉里郷、瑞穂郷、台東県の延平海端郷などに集中している。人口は約五万四千人。

（四）ツオウ（Tsou、鄒族または曹族）：「北鄒」（阿里山鄒ともいう）と「南鄒」の二群があり、前者は嘉義県阿里山郷に集中しているが、南投県信義郷にも聚落がある。後者は高雄市の桃源区と那瑪夏区に分布している。人口は約七千人。

（五）ルカイ（Rukai、魯凱族）：台湾南部中央山脈の両側に分布している。西側は屏東県の霧台郷と三地門郷及び高雄市茂林郷に居住し、東側は台東県の卑南郷に集中している。総人口は約一万二千人。

（六）パイワン（Paiwan、排湾族）：分布地域は高雄市、屏東県、台東県にあるが、活動区域は北の大武山から南の恒春までの山地、及び西の隘寮から東の太麻里以南の海岸地帯で、居留地はほとんど海抜一〇〇〇メートル以下の山地にある。人口は約九万人を超え、台湾の第二大原住民である。

（七）アミ（Ami、阿美族）：台東県、花蓮県、屏東県に分布し、大多数は花東縦谷平原及び東平原海岸の北から南までの地域に居住している。北部群（南勢アミ）、中部群（秀姑巒アミと海岸アミ）、南部群（卑南群と恒春群）の三群に分けている。台東市はアミ族が最も集中している。総人口は約十九万人、台湾最大の原住民である。

（八）ピナン＝ピューマ（Puyuma、卑南族）：大多数は中央山脈以東、卑南大渓以南の海岸地帯及び花東縦谷南部の山地に分布しているが、屏東県の恒春半島にもピナン族の聚落がある。人口は約一万二千人、その大部分は台東県内に住んでいる。

（九）タウ（Tao、tau、達悟族、旧称ヤミ、Yami、雅美族）：台東県の蘭嶼島（蘭嶼郷）を生活基盤とし、台湾原住民の中で唯一離島に居住している種族である。ヤミ（雅美族）という呼称は日本統治時代に名づけられたものである。しかし同族は達悟族と自称し、正名（名を正す）運動を展開し、一九九八年行政院原住民族委員会の認定を得て達悟族を公称とした。雅美族は俗称といて現在も使われている。人口約四千余人。

（十）サウ（Thao、邵族）：サウ族は元来ツウオ族（鄒族）の平地原住民と見られていたが、しかし、体質、骨格、容貌、言語、服装などから見て、サウ族とツウオ族は同一族群ではない。したがって、サウ族はツウオ族から独立する運動を展開し、二〇〇一年に行政院原住民族委員会の認可を得て第十番目の原住民種族となった。人口は僅か七百余人に過ぎず、ほとんど南投県魚池郷日月村と水里郷雨社山一帯に居住している。

（十一）クヴァラン（Kavalan、噶瑪蘭族）：元来は平埔族に列せられていたが、しかし、同族は独自の言語、風俗習慣、祭典儀式などの文化を維持しており、一九八〇年から原住民復帰運動を展開し始めた。二〇〇二年に行政院原住民族委員会の認可を得て第十一番目の原住民となった。居住地は宜蘭県の宜蘭市、羅東鎮、蘇澳鎮一帯、花蓮県の花蓮市と豊浜郷、及び台東県の長浜郷に分散している。人口は約一千三百人。

（十二）タルク（Taroko、Truku 太魯閣族）：日本統治時代、タルク族はセティク（Seediq、賽徳克族）とともにアタイアル族の一群に列せられていた。戦後、両族はともに正名運動を展開し、タルク族は二〇〇四年に行政院原住民族委員会の認定を得て第十二番目の原住民種族となった。元来は南投県の仁愛郷に居住していたが、その後中央山脈を越えて花東縦谷に移住し、聚落は花蓮県の秀林郷、吉安郷、寿豊郷、光復郷、豊浜郷、卓渓郷、万栄郷北部一帯に分布している。人口は約二万八千人。

（十三）サキザヤ（Sakizaya、撒奇莱雅族）：日本統治時代はアミ族の群に列せられていたが、一九九〇年代から正名運動を展開し始め、二〇〇七年行政院原住民族委員会の認定を得て第十三番目の原住民となった。従来から花蓮奇莱平原に居住し、人口は約六百五十人。

（十四）セティク（Seediq、賽徳克族）：元来はアタイアル族に属していたが、二〇〇八年に政府の認定を得て第十四番目の原住民となった。大多数は南投県仁愛郷の山岳地帯に居住している。人口は約八千人。

政府は原住民に対して諸般の優遇政策を施しているため、現在平埔蕃の中で原住民復帰運動を展開している種族があり、なお、原住民の中でも、一部の種族は独自の言語や文化を維持するため正名運動を展開している。したがって、将来原住民の種族数はさらに増える可能性がある。

第三節　原住民の社会と文化

漢人やオランダ人ないしスペイン人が台湾に入植する前、台湾の原住民は異民族の支配を受けることなく、如何なる権力にも服従した例がない。まったく独立した族群であって彼等自身は支配とか服従などということを考えたこともない。また、事実として彼等は征服を受けたこともなく完全に化外の民とされていた。したがって、原住民は彼らの生活している地域を自分たちの国、すなわち「祖先から伝わった自分の国」であると心得ているのである（注12）。

原住民は、平埔族と高山族を問わず、いずれも最初から集団ごとに群れをなして各地に分散して定住していた。初期において、海岸地帯の平地が彼らの生活圏であったが、近世になって文化の高いオランダ人や漢人がやってくるようになってから、一部の平埔族と大多数の高山族は、次第に中央部の山岳地帯へ追い上げられ、小集団的な孤立性を強めていった。そのために、大部分の原住民は、山奥に引き籠もり、他民族との接触に乏しく、異質文化との交流もなく、長期にわたって閉鎖的な原始生活を続けていたのである。また、原住民諸族は、それぞれの縄張りがあり、それを確保するため、部族やグループがちがうと、互いに敵対して弓矢などの原始武器をもって争い合い、部族間の闘争は日常茶飯事であった（注13）。

山岳地帯に移住しなかった平埔族は、主に西海岸の平野に集中していた。そのために、漢人が入植した後、大多数の平埔族は漢人と群居し、漢人の生活方式や風俗習慣を学び、漢人と婚姻を結ぶなどによって次第に漢化され、ついに固有の言語及び風俗習慣を失ってしまった。幸いにして十七世紀以降、漢人、オランダ人、日本人による原住民に関する著述があり、なお、考古学、人類学、言語学などの研究成果も少なくないので、平埔族の社会と文化に関する実態はほとんど解明されている。以下いくつかの事項を取り上げて紹介しよう。

一、平埔族原住民の社会制度と風俗習慣

(一) 平埔族原住民の社会制度

平埔族の社会制度は、族群によって多少の違いがあるが、一般的にいえば大部分は「母系社会」である。すなわち母親の系統によって家族・血縁集団が組織されている社会制度である。婚姻の方式は、男子が女子の家に婿入りして妻と同居し、一家の労役を担う。地位の継承や財産の相続は、全て女子が継承し、家系を伝承する。

ただし、漢人が台湾に入植した後、平埔族は漢人文化の影響を受け、婚姻方式や家系伝承に変化が生じた。これについて、人類学者・李亦園教授はその著書『台湾土著民族的社会制度與文化』の中で、清代黄叔璥著『臺海使槎録』の「番俗六考」篇、清代郁和著『裨海紀遊』、

田中賢三の「熟番人ノ家産承継権ト其ノ婚姻」、伊能嘉矩の「台湾ピイポオ番ノ一支族パゼヘノ旧慣一斑」、R.William Campbell（甘為霖）の〝Formosa Under the Dutch〟などの文献資料の記述や論説を参照して、平埔族の社会制度や風俗習慣について詳細に説明している。

母系社会の女性は親族組織の中でより重要な地位を占めるが、しかし、部落組織の中では男性がより優位を占める。なぜなら、部落の中には男子年齢階級の組織があり、これは全部落の核心となる組織で、年齢級の最高級者が部落の領袖になるからである。伊能嘉矩はパゼヘ（巴則海）族の社会的組織を例にとって次のように述べている。

パゼヘ（巴則海）族の主宰者すなわち頭目は次の三種類があり、それぞれ特殊の権能を有している。（甲）TAOKWA：政治的な主宰者で、主として平時に刑罰などを掌り、戦時には将帥の任に当たる。（乙）KARAOHU：祭祀に関する主宰者で、年に一回挙行する祖先の祭儀が最も重要な行事である。（丙）PONGO-RUTOL：土地の主宰者で、あらゆる蕃社内の土地を統括する。

なお、パゼヘ族には年齢階級がある。すなわち（甲）児童級（初生より凡そ十三歳まで）、少年（男子）処女（女子）級（約十四歳～二十歳）、成年級（約二十一歳～三十歳）、半長老級（約三十一歳～四十歳）、長老級（約四十歳以上）の五階級である。少年（男子）処女（女子）級は蕃社内の公共施設で合宿訓練を受け、この級の終期に及んで男女とも結婚し、次の上級に進級する。老年級は社内の事務に参与する権利がある（注14）。

Campbell（甘為霖）はタオカス（道卡斯族）にも年齢階級制があると述べている。部落には共同の領袖がないが、十二名の最高名誉の委員会がある。委員の任期は二年で、その年齢は約四十歳、任期が満ちると、前額両側の毛髪を剃って退職する。

十二人の委員は全員年齢級の最高級者であり、その年齢は四十歳以上で、パゼヘ族の最高級者の年齢と一致している。これによってもわかるように、平埔各族は普遍的に年齢階級組織が存在し、部落領袖は年齢級の最高級者からなる。清朝時代、帰化した平埔族の一般土官或いは頭目も全て最高級の部落領袖の中から選任された（注15）。

（二）平埔族原住民の風俗習慣

1、歳時祭儀:平埔族は霊魂の不滅を信じ、それを善霊と悪霊に分けている。善霊は祖霊（祖先の霊）であり、悪霊は非業の死または撃殺された敵の霊である。祭祀の対象は善霊すなわち祖霊で、毎年の祭祀回数は族群によって多少の違いがあり、大体年に一、二回、または二、三回が行われる。祭祀の対象はほとんど祖霊であることから、すべての祭祀は「祭祖」と称される（注16）。

祭祖の期日について、伊能嘉矩は前述の論文の中で次のように説明している。

祖先の霊魂を祭る儀式は、一社の最重要行事である。パゼヘ族はこの行事を主宰するためにKARAOHUという頭目を立てている。祭儀を行う期日に関しては、パゼヘ族も他の蕃族と同じく、米の収穫後より次の収穫に至るまでの間を一年の標準とし、これを「年」という。その収穫が終わった後、次回の月輪が円形になる日を占って祭儀を挙行する（注17）。

歳時祭儀について、潘英はその編著『台湾平埔族史』の中に次のように述べている。平埔族は農作物の収穫を一年とし、漢人のような暦法はなかった。歳時祭儀の期日は固定しないが、大体農作の収穫期に併せて行われる。歳時祭儀は農耕を中心に祈年祭、播種祭と豊年祭の三種に分け、祖霊に農作の豊作と家族の健康を守る祈りが最大の目的である。平埔族初期の農作物は里芋と甘藷であったと思われるが、その次に小米（粟）と陸稲が主要作物となり、後に水稲も栽培されるようになった。農作物の祭儀は粟作祭儀と稲作祭儀があり、それぞれ祈年祭、播種祭と豊年祭に分けて行われる。里芋と甘藷の祭儀は両者の祭儀に含まれている（注18）。

2、婚姻：平埔族の未婚男女の結婚対象に対する選択は極めて自由である。一部の族群では特定の「交誼会」があり、老人の女性がそれを主催し、若い男女は交誼会で自由に意中の相手を選ぶことができる。ただし、普通は個別に結婚相手を選ぶ。未婚の男性がある女性にほれ込んだとき、日夜その女性の家前で口笛を吹き、もし彼女も彼に気がある場合、二人は日時を定めてデートし、互いに誓いの物を取り交わして結婚の契りを結ぶ（注19）。

なお、田中賢三の説によると、屏東県のシラヤ族（西拉雅族）の婚姻は二種の異なった方式がある。一つは完全な漢人方式、すなわち女子が男子の家に嫁ぎ、家系と家産の継承も漢人とまったく同様である。もう一つは「来脚去」という方式である。この方式では、女子が男子の家に嫁ぎ、女子の家は結納金をもらわず、その代わりに夫は随時妻の実家へ行って農耕などを手伝わなければならない。女子の父母が死亡したとき、女子は家産を継承する権利があると同時に、債務と葬式費を負担する責任もある。この「来脚去」の婚姻方式は、平埔族と漢人が接触した後の過度期的婚姻方式である。

潘英編著『台湾平埔族史』によると、平埔族の婚姻制度は一夫一妻制と族外婚姻制を実施し、また、母系社会であるため、婿入り婚姻制と婿服役婚姻制が併用されている。なお、未婚男女は婚前の交際が非常に自由で、皆先に同居して実質夫婦になってから正式に結婚する。いわゆる媒酌や結納儀式はなく、漢人のような売買婚姻はない（注20）。

3、葬儀：平埔族各族群の殮葬（納棺）と埋葬について潘英は上述の『台湾平埔族史』の中で、次のように説明している。納棺において、シラヤ族だけが木棺を使い、その他の族群は草蓆、鹿皮、木板などを使って死者を包んで埋葬する。シラヤ族の木棺使用は漢人の影響によるものであろう。墓の場所については次の六種類がある。すなわち室内土葬、室辺土葬、屋外葬（野葬）、屋外搭寮（築寮）墳墓、鳥葬（樹木に掛けて鳥に食わせる）、火葬などである。

鳥葬は悪死者に限って行われる（注21）。

黄叔璥著『臺海使槎録』の「番俗六考」篇の記述によると、平埔族の大多数は室内葬を行っている。すなわち死者を屋内の地下に埋葬することである。Campbellの「洗滑葬」説も室内葬の一種であろう。「洗滑葬」とは　死者の葬儀後、死体の手足を包んで竹の皮で造った竹台の上に置き、竹台の辺りで火を用いて死体を完全に乾燥するまで乾かす。これを九日続け、その間、毎日死体を一回洗う。第九日目に死体を竹台から下ろして蓆で包むと同時に、屋内に新たに作った竹台に置き、三年後に屋内の地下に埋葬する（注22）。

二、高山族原住民の社会制度と風俗習慣

（一）高山族原住民の社会制度

台湾の中央研究院民族学研究所研究員・黄應貴は「台湾土著族的両種社会類型及其意義」と題した論文の中で、台湾の高山族の社会制度を政治、宗教、経済及び親族の制度に基づいてAとBの二類型に分けて次のように説明している。

A類型は階級社会すなわち首長（chief）社会で、パイワン（排湾族）、ルカイ（魯凱族）、ツオウ（鄒族または曹族）、アミ（阿美族）、ピナン（卑南族）などがこの類型に属する。B類型は平等権と個人能力を強調する大人物（big-man）制社会で、ブヌム（布農族）、アタイア

ル（泰雅族）、ヤミ（雅美族）などがこの類型に属する。サイセット（賽夏族）の社会制度は両者の中間の類型である。

政治面についていえば、A型社会は明確かつ制度化した領袖がある。領袖はこの社会の代表と象徴であるとともに、最高権力者である。彼らの地位は概ね合法的な継承手続きを経て得たものである。例えばパイワン（排湾族）とルカイ（魯凱族）領袖は貴族の一族の長男によって継承される。

（二）高山族原住民の語り部

台湾の原住民は、その大多数が山岳地帯に居住し、日常は原始農法による粟や稗の農耕と、鹿や猪の狩猟を同時に行ない、藁ぶきやスレート（粘板岩、石板）を積んだ掘っ立て小屋に住んで貧しい食生活を営んできた。身の回りの器具、武器もおおかた原始そのもので、漢人から得た鋼鉄の刀や鎌と火縄式の猟銃が唯一の文明の武器であった。

彼らの使う言葉は、その音、語彙、語法からすれば、総体的にはマレー・インドネシア語に属するが、原住民同士でも部族がちがうと、ほとんど話が通じないぐらいであった。したがって、部族間の文化交流もほとんどできなかった。

原住民は文字がないため、自己の歴史や伝統などは口から口へ語り伝える語り部による方法しかないので、いずれも断片的なものばかりで、各部族に共通なものはいままでに発見されていない。文字による伝承は、十七世紀になって、外来の漢人やオランダ人が台湾にやってきてからである。

三、高山族原住民の文化と社会

台湾原住民の生活からうかがわれる文化的特質は、いわゆる東南アジア文化圏の中のマレー・インドネシア群原始文化に属するということである。彼らはそれぞれ異なった言語、風習、生活の特徴を持っているが、いずれもおよそ縁どおい未開民族としての原始文化に停滞してきた状態にある。

（一）人間の生死についての考え

まず、出生については、男女両性の結合の結果であるとは考えず、それをすべて神の意志によると信じている。したがって、出産は部落全体の最大の出来事として、神事あつかいにされる。生まれた子供が大きくなって、一人前になる成人の儀式も荘重そのものである。成人になった証拠として、入れ墨を彫ったり、前歯を抜き取ったりして、服装の飾りつけなどもすっかり大人向きのものに替えられてしまう。

彼らにとって、疾病や死亡は神罰によるものである。したがって神霊の意向を尊重しなければ病気は治癒しない。そこで、神霊と交渉を保って神意を伺う霊媒者が存在し、それが神意にかなった処置をとる。死は不浄を意味する。先述の通り、死体は屋内に穴を掘って埋葬するのと、屋外に葬る方式がある。一般に原住民は多霊魂説を信仰しており、心霊の他に精霊、死霊、妖怪が実在すると考えている。しかし、これらの風習や信仰は、日本統治時代の教化などにより、現在はほとんどなくなったようである。

二、部落（蕃社）の生活

原住民は、家長を中心とした家族、そして、この家族の寄り合いである部落が単位となって、原始生活を営んできた。家長と部落の頭目がその小集団の生活万般の中心となる。彼らはあくまで部落を単位として、孤立した生活を営む傾向を持ち、外来者は彼らと接触する場合、種族全体を相手にするのではなく、部落単位を相手にして交渉することを余儀なくされた。漢人の開拓者は、このような原住民部落を「蕃社」と呼び、部落の長を「頭目」と呼んで彼らと交渉してきた。

部落の結合状態も決して一様でなかった。パイワン族とツオウ族などは、密集した集団部落をなしているが、アタイアル族とサンセット族は数家族のような集団で、広域にわたって一部落を形成している。大家族制のブヌム族は、一戸に二、三十人も同居するという賑やかさである。各部落ともその周辺を農耕、狩猟の勢力範囲としていた。パイワン、ルカイ、ピナン（ピューマ）の各族は、自分の起居する住まいのほかに、部落共同の集会所を持っている。

集会所は普通、蕃社の中心にある。

三、原住民の風習

男子は、昔はいずれも長髪にしていたが、最近は短髪になった。女子は今ではどの部族でも結髪している。男子は、身に褌あるいは腰巻を巻つけ、日本古代の陣羽織のような上衣を着用するが、これに胸当、袖、脚絆（ゲートル）などの付属品をつける時もある。アクセサリーの数々も原住民には欠かせないもので、頭髪飾り、耳環、首飾り、胸と腕の装飾品など、貝殻や人歯、竹細工のものを多く使っている。

お祭りや集会には、酒はつきものだが、原住民も早くから粟や稗をもとにして、酒を造る方法を知っていた。彼らは二人で一つの椀の酒を同時に口にあてて飲む風習があった。酒に酔えば、大小さまざまの竹の杵で地面や石板の上をついて拍子をとり、輪舞する。この舞踏はなかなかの見もので有名である。

〈注釈〉

（1）台湾省文献委員会編『台湾省通志稿』巻八同冑志第三冊、一六四三九ページ。

（2）李壬癸著『台湾南島民族的族群與遷徙』・増訂新版、前衛出版、二〇一一年。

（3）同右、五九ページ。

(4)同右、五一ページ。
(5)臧振華撰「再論南島語族的起源與拡散問題」(国立台湾史先文化博物館発行『南島研究学報』第三巻第一期、一一一ページ。
(6)劉益昌著『台湾的史前文化與遺址』六五〜六六ページ、台湾省文献委員会・台湾史 蹟源流研究会発行、一九九六年。
(7)前掲臧振華撰「再論南島語族的起源與拡散問題」、一〇八ページ。
(8)前掲『台湾南島民族的族群與遷徙』、六七ページ。
(9)安部明義著『台湾地名研究』、五ページ、蕃語研究会発行、一九三八年。
(10)前掲『台湾省通志稿』巻八同冑志第三冊、一六四三九ページ。
(11)同右、一六四四一〜一六四四二ページ。
(12)鈴木質著『台湾蕃人風俗誌』、三四ページ。
(13)史明著『台湾人四百年史』、一六ページ。
(14)伊能嘉矩「台湾ピイポオ蕃の一支族パゼッヘ(PAZEHHE)の旧慣一斑」、東京人類学会雑誌第一六九号。
(15)李亦園著『台湾土著民族的社会制度与文化』、六四〜六六ページ。
(16)同右、六七〜六八ページ。
(17)伊能嘉矩「台湾ピイポオ蕃の一支族パゼッヘ(PAZEHHE)の旧慣一斑」、東京人類学会雑誌第一六九号。

(18) 同右、三一四＝三一九ページ。
(19) 李亦園著『台湾土著民族的社会制度与文化』、六七〜六八ページ。
(20) 同右、三二四〜三三一ページ。
(21) 同右、三三五〜三三九ページ。
(22) 同右、六八ページ。

第四章

十七世紀中葉の台湾〜国際競争の時期

十六世紀中葉、ポルトガル人は台湾海峡を通過したが、台湾には上陸しなかった。しかし、漢人およびポルトガル人の後を追って東アジアに進出したオランダ人とスペイン人は、それぞれ台湾の南部、中部と北部に上陸して拠点をつくり、台湾経営に乗り出した。漢人、オランダ人、スペイン人の三大グループに加え、日本の倭寇と朱印船も早くから台湾に進出していた。詳細は次に述べよう。

第一節　顔思斉と鄭芝龍集団の入植

オランダ人とスペイン人がやってくる前、台湾の中部にすでに漢人の集団が一歩先に入っていた。それは福建出身の顔思斉と鄭芝龍が率いる海賊集団である。彼らは長崎の平戸から台湾中部の魍港周辺（現嘉義県東石・布袋、雲林県北港）に上陸した。魍港は笨港とも呼ばれ、清代から北港（雲林県内）の名となった。この地は、十七世紀において、福建や広東の漁民、および漢人の海賊や日本の倭寇が嵐を避けたり、原住民と交易したりする漁港であった。

顔思斉と鄭芝龍の集団は、笨港を拠点にして、山野を開拓しながら、原住民を制圧し、福建の漳州（顔思斉の出身地）と泉州（鄭芝龍の出身地）から「無業之民」（失業者）を大量に運んできて、土地を開墾させた。顔思斉死後、鄭芝龍がその後を継ぎ、さらに勢力を拡大した。

顔思斉は、別名顔振泉、福建漳州府海澄県に生まれ、「身体雄健、武藝精熟」、反抗不屈の精神に富んでいた。ある日、街で「宦家巨室」（役人家族）にバカにされて役人の従者と衝突し、口論のすえ、その従者を殴り殺した。殺人の罪を犯したので、指名手配の犯人となり、ついに海に脱出して倭寇に加入し、自称「日本甲螺」（甲螺は頭＝カシラのあて字、すなわち倭寇の頭領）といわれている。万暦三十八年（一六一〇年）、長崎に逃れた。このとき、顔思斉は三十六歳であった。

長崎に落ち着いた顔思斉は、そこで仕立屋を開業して生計を立てながら、たちまち仁侠の本領を発揮した。長崎港に出入りする明国船にもめごとが発生したと聞いてはまっさきにかけつけ、持ち前の武勇をもってたちどころに収めるのである。彼の名はすぐに長崎在住の明国人の間に知れ渡り、楊天生（福建省晋江県の船主）、鄭芝龍ら二十八人が彼と意気投合して義兄弟の契りを結んだ。顔思斉はこの仁侠集団の頭領となった。

天啓元（一六二一）年、顔思斉は、日本の徳川幕府を覆す密謀を立てたが、ことは事前に発覚して、幕吏の追捕の身となって日本に住む場を失い、慌てて二十八人衆を率いて十三隻の船に分乗して長崎から台湾に逃れた。台湾に上陸した後、顔思斉は二十八人衆を主軸に諸羅地方にまで勢力を伸ばす一方、海上では船団を増強し、福建沿海を中心に海賊行為を行っていた。海賊顔思斉の名は、福建一帯に広まった。

天啓五年（一六二五年）九月、顔思斉は諸羅地方の山野に部下を従えて狩りに出ていたとき、激しい下痢に見舞われ、数日後死亡した。享年三十七歳であった。病名は、チフスと推定されている。顔思斉の跡目を継いだのは鄭芝龍であった。

鄭芝龍は福建省泉州の出身で、一六二三年、母方の叔父の船荷を護送して長崎に渡った。滞在中、時の平戸藩主二十八代松浦隆信の寵を受け、川内浦に真相院という屋敷（現「鄭成功居宅跡」）を構え、十七歳になる田川マツを見染めて結婚した。翌年、彼は顔思斉の一団に加わって平戸から台湾に渡った。

顔思斉・鄭芝龍の集団は笨港から諸羅地方（嘉義県）に勢力を伸ばし、移民を十の集落に分けて山野の開墾に従事させる一方、船団を武装し、台湾海峡と南海の制覇を図っていた。当時、鄭芝龍の船団は、大陸沿岸地帯で猛威を振るい、南海で暹羅（タイ）の船を略奪したこともある（注1）。鄭芝龍は、巧みにオランダ人との衝突を避け、オランダ人に協力して福建から移民を台湾南部へ運び、多大な利益を得ていた。

十七世紀初頭、台湾の漢人移民総数は数千人にすぎなかったが、同世紀中葉には十万人に膨れ上がった。鄭芝龍の船団が運んできた漢人移民は漢人の集落と社会を形成し、漢人の人口は次第に増え、ついに原住民の人口を上回るに至った。

しかしながら、崇禎元（一六二八）年、鄭芝龍は福建巡撫熊文燦の招撫に応じて明朝の福建海防遊撃（福建省海上保安庁長官）という官職に就き、明末にはまた清朝に投降した。まことに節操のない哀れな人物である。

二、オランダ人の入植

一六二二年、オランダ人は十七隻からなる艦隊を編成してジャワ島のバタビアを出発し、澎湖島の媽宮澳（現澎湖県の首府馬公）に上陸し、澎湖島を占領した。しかし、澎湖島は明朝の領土であり、明朝政府は大軍を集結してオランダ人を駆逐する決断を下した。オランダ人は明朝との対決を避け、一六二四年、明朝の黙認のもとで澎湖諸島を離れ、明朝の領土でなかった台員（台湾）に向かった。

オランダ人は「台湾の門」と呼ばれる鹿耳門（現台南市安南区にある）から一鯤身島に上陸した。一鯤身島は七つの鯤身島の最北の島で、台江を隔てて台湾本島の赤嵌地方（台南市）と相対している。オランダ人はここに要塞を構築し、ゼーランジャ城(Zeelandia)と名づけた。今の安平古堡がその跡地である。

オランダ人は、台湾の肥沃な平野と豊かな特産品の経済価値に目をつけ、台湾を植民地として経営する方針を固めた。一六五〇年、オランダ人は赤嵌にプロヴィンシア城（Provintia、現赤嵌楼）を完成し、植民行政の中心をゼーランジャ城からプロヴィンシア城に移した。プロヴィンシア城には台湾を管轄する東インド会社の事務所、宿舎、病院、倉庫などが設けられ、城壁の外側に漢人移民の居住区がつくられた。台南市の下町は、この時期にその輪郭ができたと思われる。当時、漢人はプロヴィンシア城を「赤嵌楼」と呼び、現在は台湾の名勝古跡となっている。

オランダ人が台湾の南部と中部を占領した後、北上して台湾北部を支配していたスペイン人を駆逐し、勢力を台湾北部に拡大した。

オランダ人の台湾経営は東インド会社によって行われていた。東インド会社の台湾経営方針は、重商主義に基づく利潤追求であった。最初は、原住民を駆使して台湾の特産品である鹿皮、鹿肉、干魚などを集めて日本や中国大陸に輸出していた。のちに、オランダ人は、原住民から土地を取り上げ、それを大陸から招いてきた漢人に開墾させ、主として甘蔗（砂糖キビ）を栽培させた。

オランダ人の台湾占領は、一六二四年から一六六一年までの三十八年間であった。その支配地域は、初期は南部と中部に限られていたが、その後北上してスペイン人を駆逐し、勢力を台湾の北部にまで拡大した。しかし、オランダ人の行政範囲は台湾全島には及んでいなかった。

三、スペイン人の入植

オランダ人が台湾の中部と南部を占領した後、スペイン人はルソンと中国大陸沿岸の貿易を維持するため、台湾の北部に進出して拠点を獲得した。一六二六年、十四隻からなるスペインの艦隊は、ルソンから北上し、台湾の東部沿岸に沿って台湾東北部の最東点に上陸し、そこをサンチアゴ（Santiago）と命名した。すなわち現在の三貂角である。

スペイン人はさらに艦隊を進め雞籠に入り、雞籠湾の湾口にある雞籠嶼（現和平島社寮里）を占領し、そこにサン・サルバドル城（San Salvador）を築き、これを軍事要塞とした。雞籠は現在の基隆で、台湾北部の玄関である。

一六二九年、スペイン人はさらに艦隊を北部海岸に沿って西進させ、滬尾に上陸して淡水河の河口にサン・ドミンゴ城（San Domingo）を築いた。こうして、スペイン人は雞籠、淡水を中心とする台湾北部を占拠して支配していたのである。

ちなみに、滬尾は現在の新北市淡水鎮であり、当時、台湾北部に移住した漢人は、概ねこの地点から淡水河に沿って台北盆地に入った。現在台北市の下町である万華の街並みは、このときから徐々に形成されたのである。

スペイン人の台湾北部支配はわずか十六年で終わった。一六四一年、オランダ人は、スペイン人に台湾から退去するよう勧告したが、スペイン人はこれを蹴った。翌一六四二年、オランダ軍は、南部から北上してサン・サルバドル城とサン・ドミンゴ城を攻め落とし、スペイン人はオランダ人と停戦協定を結んで台湾から撤退した。

四、日本の倭寇と朱印船の進出

漢人、オランダ人、スペイン人の三大グループに加えて、日本の倭寇と朱印船も早くから台湾に進出していた。倭寇は日本の海賊とされているが、その内実は日本人、朝鮮人、中国人の海賊混合軍というのがより正しいかも知れない。

十六世紀半ば（明の嘉靖中葉）以降、倭寇は福建沿岸を騒がし、大将戚継光に敗れて澎湖諸島に逃げ込んだ。それ以降、倭寇は澎湖諸島を拠点にして台湾やルソンに出没し、船隻は百余隻にのぼったときもある。しかし、十六世紀末期、豊臣秀吉が国家を統一した後、積極的に海外へ勢力を拡大する政策を採り、台湾やルソンにも進出しようとした。これをみて、明朝政府は東南沿岸の防衛を強化すると同時に、澎湖島にも軍隊を駐屯させ、日本人の侵入に備えた。こうした動きから、倭寇は活動の拠点を金門と澎湖から台湾本島へ移したのである。

倭寇のほかに、日本の朱印船も台湾に出入りしていた。十七世紀初頭、日本が行っていた大陸と台湾の貿易は、朱印船がその主役を演じていた。ところが、一六二四年以降、台湾の南部を支配していたオランダ人は、台南に入港する朱印船に対して一〇%の関税を課そうとした。この問題をめぐって朱印船の商人とオランダ人の間に衝突が発生した。

一六二七年、船主の長崎代官・末次平蔵の配下にある浜田弥兵衛を船長とする朱印船が長崎を発ち、当時の国際貿易の中継地である台南に到着した。船の上には海賊の襲撃に備えて大砲などの武器が配備されてある。オランダ人は、これを不法とし、すべての武器を押収した。弥兵衛は怒って台南を離れるとき、新港社の原住民十六人を長崎に連れ帰り、末次長官に引き渡した後、彼らを台湾からの使節として徳川二代将軍秀忠に謁見させた。しかし、秀忠は原住民に品物を賞与したのみで、オランダ人に対するいかなる抗議行動も取らなかった。

翌年、浜田弥兵衛は再び武装した朱印船を率いて台南に向かった。船には台南に送還する十六人の原住民も乗っている。船が台南に近づくと、ただちにオランダ軍艦に包囲され、戦わずして武装解除された。弥兵衛船長と乗務員らは、みなオランダ兵の監視下に置かれ、十六人の原住民は土産物を没収され、城内の牢獄に入れられた。

やがて、弥兵衛は数人の幹部を従えてオランダのノイツ長官に面会し、帰国を哀願した。会談中、弥兵衛は突如ノイツを取り押さえ、オランダ人を武装解除し、ノイツの息子・ラウレンスを含む五人のオランダ人を人質にして台南を去り、長崎に戻った。

末次代官はラウレンスら五人を平戸の牢獄に入れて監禁した。一六三二年、日蘭の間で和議が成立し、バタビア総督はノイツを日本に引き渡し、オランダの人質は釈放された。その後、オランダのバタビア総督は、朱印船との摩擦によって日本との交易を失っては厖大な損失を被るばかりでなく、中継基地としての台湾の役割も半減することを考えて、徳川幕府と和解した（注2）。

しかしながら、一六三四年、幕府は鎖国令を出し、日本人の海外進出はこれをもって終わりを告げ、台湾からも日本人の姿が消えた。

以上述べたように、十七世紀には、台湾は漢人、日本人、オランダ人、スペイン人の角逐場となっていた。すなわち、一六二四年、顔思斉と鄭芝龍が海賊集団を率いて台湾中部の北港から上陸し、現在の雲林と嘉義一帯を支配した。同じ年に、オランダ人は鹿耳門から上陸し、現在の台南に行政機構を設置して台湾南部を経営していた。そして一六二六年、スペイン人は基隆から上陸して台湾の北部一帯を支配した。日本人は朱印船を中心に台湾に進出したが、領土を占有するまでには至らなかった。

この国際競争時期において、行政機構を設けて組織的に台湾を統治したのはオランダ人だけであった。しかし、オランダ人の台湾統治は、すべてジャワ島のバタビアにある東インド会社を通じて行われ、オランダ国王の直接統治ではなかった。

〈注釈〉
（1）台湾省文献委員会編『台湾史』、衆文図書股份有限公司、一九九〇年、五八～六三ページ。
（2）武内貞義著『台湾』改訂版（上）、南天書局、一九九六年、六九二～六九六ページ。

第二節　明朝時代の台湾

一、明朝政府の台湾政策

（一）明代初期の海禁政策

一三六八年、明朝（一三六八～一六四四）の太祖（洪武帝）・朱元璋が元朝を彼らの発祥地である蒙古高原に追い返し、金陵（現在の南京）を首都にして中国史上、江南を中心とした最初の統一王朝を築き上げた。しかし、明太祖は、元朝の日本と越南（ベトナム）に対する討伐の失敗に鑑み、海外への進出には消極的な政策を取っていた。それには、次の原因があった。

（一）当時倭冦が中国の沿海に出没し、猛威を振るっていたこと。

（二）元代末期、方国珍が浙江の台州で反乱を起こし、明太祖によって滅ぼされたが、その残党は海賊となって浙江沿海をその活動舞台としていたこと。

（三）北元が蒙古からしばしば南下して中国本土を犯していたこと。

こうした背景から、明朝政府は小琉球（台湾）を征伐せず、澎湖の居住者を大陸に撤退させ、海禁政策を実施した。海禁政策とは、すなわち民間人の海上の交通、貿易、漁業などの制限と禁止である。

元朝は一三六〇年、澎湖島に巡検司を置き、澎湖島を福建省同安県に隷属させて台湾統治の基を築きあげたが、洪武二十（一三八七）年、明朝は澎湖島の島民を全部福建省泉州、漳州に移し、巡検司を廃した。その結果、明代初期に澎湖群島が海賊と倭寇の巣窟となり、台湾の開発に大きなマイナスとなった。以上の通り明末まで澎湖群島は中国の領土であったが、台湾はまだ中国の版図に入っていなかった。

第三節　海賊と倭寇の基地

一、海賊活躍の背景

明朝は永楽帝の時代以後およそ百年間、天下太平の世がつづき、首府の金陵（南京）一円はますます栄え、全国の人口も加速的に増えていた。福建、広東の一帯ではとくに著しく、嘉靖年間（一五二二～一五六六年）にはすでに当時の産業では土地の収容能力を越え、人々の生活は日増しに困窮となった。農民は農耕だけでは生きられず、一部の農民は餓狼の群れのように陸では流賊となって町や村を掠め、海では海賊となって戎克船を武装して貿易や略奪を行なっていた。

したがって、当時海上で交易を行なう商船は、どこの国のものでも自衛のために武器を持ち、まともに取り引きする場合でも相手の出方如何によっては海賊化することは、むしろ常識であった。また沿岸の一般漁民は、官兵や海賊たちの前では無抵抗であったが、無力にひとしい漂流船などが近づくと、すぐさま武器を手に襲いかかったのである。

二、海賊・林道乾と台湾

嘉慶の中葉、広東に呉平という流賊が起ち、広東省の南澳を根拠地としていたが、戚継光に鎮圧され、その配下にあった広東潮州出身の林道乾なる人物は海外に逃げ出した。数年後、林道乾は呉平の配下を再編成し、船団を率いて福建・広東沿岸に出没する大海賊となった。

明の世宗は、都督の兪大猷に林道乾の海賊船団の討伐を命じた。兪大猷はただちに艦隊を編成し、沿岸においてしばしば林道乾の船団を撃退し、林の船団はついに澎湖島に逃れた。このころ、澎湖島はすでに大小海賊の巣窟となっていた。

嘉靖四十二（一五六三）年、兪大猶の率いる艦隊は澎湖島に進撃した。林道乾は追われて台湾の鹿耳門（現台南市安平）に上陸した。鹿耳門の水域は複雑で、海から入る水路は、それぞれ水砂によってできた七つの細長い縦一列にならぶ島（一鯤身島から七鯤身島まで）に遮られ、しかも潮の干満によって水流がまるきり違ってしまうのである。

林道乾の船団はさすがに海賊で、すでにこの水域に精通していた。逃げる林の船団を兪大猷の艦隊は追撃したが、しかし、海賊船団の逃げ込んだ七つの水域を乗り切ることはできなかった。兪はやむなく引き返し、澎湖島に陣を敷いて林の船団を鹿耳門に封じ込める作戦をとった。

林道乾の船団は、台湾でしばしの休息を得ることはできたが、しかし、このころ台湾はまだ開発されておらず、持久の策をとることはできなかった。したがって、林道乾は、包囲する兪大猷の艦隊をしり目に一鯤身島と二鯤身島の間をするりと抜け、占城（現インドシナ方面）に逃れていった。

三、倭寇の活躍

（一）倭寇の由来

倭寇とは日本の海賊のことで、明朝側が与えた名称である。その実態は前期倭寇と後期倭寇に分けられる。前期倭寇は初め対馬や壱岐の住民が主力であったが、のちに北九州、瀬戸内、紀伊周辺の農民・漁民も倭寇に参入した。この前期倭寇は、十四世紀を中心に北東アジアの海域、すなわち朝鮮と中国の山東省沿岸を主に暴れまわっていたので、台湾との関わりはほとんどないといえよう。

後期倭寇の登場は、十五世紀の末、足利氏衰退で室町幕府が統治の実力を失い、群雄割拠の戦国時代となったころである。このとき、内地で志を得なかった四国九州等の冒険者が武装して貿易を目的として海外に渡り、意に合うときはおとなしく貿易したが、のちにはもっぱら掠奪を行っていた。

後期倭寇は十五世紀半ばから十六世紀にかけて、朝鮮半島をはじめ、中国の揚子江デルタ地帯および華南海域、そして南洋にまで、東アジアの全海域にわたって猛威を振るっていた。十六世紀中葉以降、明朝は北方から満州族の脅威を受け、南方には倭寇の猛威に悩まされていたことから、この時期の外患を「北虜南寇」の四文字で表している。

(二)　倭寇と台湾の関係

洪武帝が即位してまもなく海禁政策を実施し、水軍による沿海の防備を強化した。これによって、倭寇の活動は一時沈静化したが、嘉靖中葉以降、流賊と海賊が再び横行するようになった。

嘉靖末期、倭寇が福建沿岸を騒がし、大将戚継光が倭寇を破った。倭寇は澎湖島に逃げてきてここに住み、その一味である林道乾も倭寇に追随してきた。その後林道乾はボルネオに逃げていった。しかし、鶏籠（基隆）は倭寇の略奪に遭い、海浜の蕃人は、後方の山中に移った。

これによっても分かるように、このころ、漢人海賊のあるところに倭寇あり、倭寇のあるところに漢人海賊がありといった状況だったのである。したがって、この時期において、漢人海賊ばかりでなく、倭寇も澎湖島を航海の中継地としていた。『万暦実録』によると、万暦四年（一五七六年）「百余隻にのぼる倭船、風に乗りて澎湖に至る。聞きて両省（福建、広東）の游兵も至る。倭船のうち四十隻、呂宋に去る」と述べている。

これに類する記述は、その他にも多く見られ、清の黄叔璥『台海使槎録』巻二に、「継而不逞者、潜聚其中、倭奴停泊取水、亦必経此」と述べている。また、日漢両海賊の提携によるものとしては、『明史・日本伝』に万暦八（一五八〇）年、澎湖島を犯した倭寇が漢人海賊の曽一本と連合してそこを占拠し、かけつけた官兵に追われた記録がある。

曽一本は林道乾とおなじ呉平の部下で、戚継光に討伐された後しばらく行方をくらまし、林道乾より少し遅れて船団を率いるようになった。曽も澎湖島を追われたのち、やはりルソン島方面に去っている。

十六世紀中葉から末葉にかけて、対岸の漢人は台湾を「海賊」の基地として利用していたが、しかし、生活の自給自足をはかるため、漁業も農耕も行なわれていた。農耕は基地に付属した土地を利用して農産物を生産していた。また、明朝の海禁政策によって、後期倭冦が台湾の南部を基地とし、台湾の仲介貿易の地位を高めた。

台湾は「東蕃」の呼び名が示すように、明朝にとって域外の地であったが、しかし、倭冦対策の一環として、明朝は洪武二十（一三八七）年に廃止した澎湖巡検司を、嘉靖四十二（一五六三）年に復活した。さらに、万暦二十五（一五九七）年に明朝はようやく澎湖島に千人近くの常備軍を置いた。これより前、豊民秀吉の朝鮮出兵（一五九二）によって明朝は慌てて澎湖島および台湾北部の鶏籠と淡水にも兵営を置いたが、それは一時的なものにすぎなかった。

第四節　明末における台湾と日本との関係

一、台湾と豊臣秀吉

一五九〇年、豊臣秀吉が全国を統一した。これによって、倭冦の活動が沈静化に向かった。文禄元（一五九二）年、秀吉は朝鮮に出兵し（文禄の役）、さらにその野心を南方に向け、ルソン島に使者を送り、マニラのスペイン大守に、降伏しなければ即座に大軍を出して征伐する、と脅しをかけた。

このとき、秀吉にルソン島攻略を進言したのは、長崎の豪商原田喜右衛門であった。秀吉は、その気になり、喜右衛門の手代（商家で番頭と丁稚の間に位置する身分）・原田孫七郎に入貢を促す親書を持たせてルソンに遣わした。秀吉は原田喜右衛門に航路の中間に位置する台湾にも、親書を持たせた。

このとき、秀吉は台湾を「高山国」とし、親書の宛名を「高山国王」とした。しかし、このころ、台湾には統一政権がなく、秀吉の親書を受けとる者はいなかった。この点から判断すると、十六世紀の末頃まで、日本は台湾に対してまだまだ無知であったようである。

二、「高砂」の語源

秀吉は台湾を「高山国」としたが、台湾の地名史上、この名称が使われたのは、あとにもさきにもこれ一回きりである。

このころ、朱印船の主な渡航先は、ニンポー（寧波）、ルソン、アンナン（ベトナム）、シャム（タイ）、カンボジア、バタビア（インドネシア）、そうして台湾であった。むろん、この時期において、「台湾」という地名はまだなかったので、朱印船の間で使っていた台湾の地名は、「高砂」であった。

明治・大正期の歴史学者である伊能嘉矩の考証によると、当時日本と台湾を往来する日本人は、南台湾沿岸を主な寄港地とした。その地はもともと「タアカウ社」と呼ばれ、漢人によって転訛されて「打鼓山」（タアコウサン）社となった。その音は、日本語の「タカサゴ」に似て、しかも土地の風光明媚であることは、日本の高砂浦（兵庫県）の景勝を連想させるものがあった。それゆえに「高砂をかりて転訛を強制せしもののごとし」と伊能は断ずる。つづけて、伊能は、最初は単に一地方の呼び名として用いられたが、以後全島の地名に慣用されるようになったとも記す（吉田東伍編『大日本地名辞書続編』所収、伊能嘉矩が執筆した「第三台湾」）。

事実、金地院の「異国渡海御朱印帳」中の元和元（一六一五）年の文に「高砂国」の記述があり、また正徳年間（一七一一～一七一五）に寺島良安の『和漢三才図会』には「塔曷沙古、和用高砂字」とある。まさに「タアカウ」から「タアコオサン」に、そして「タカサゴ」と移り、「タカサゴ」の近音を漢字の「塔曷沙古」で当て、さらに雅字としての「高砂」に転訛したと思われる。

しかし、一説によると、朱印船が台湾の原住民との交易のため、よく停泊していた南部の港の近くに「打鼓山」という小高い丘があった。この「打鼓山」が訛って「高砂」となったともいわれている。

当時この付近に勢力を張っていた原住民は、周辺の地を「タアカオ」と呼んでいた。これを聞いた漢人は「打鼓」の字をあて、丘の名が「打鼓山」となった。この「タアカオスア」を朱印船の日本人が聞き、「高砂」の字をあてた。やがてこれが朱印船における台湾全体を指す呼称となったのである。したがって、秀吉の「高山国」の「高山」は、「こうざん」ではなく、「たかさん」と読ませていたのであろう。

日本植民地時代に至り、日本政府が南台湾の打狗（タアカウ）を高雄、蕃族（原住民）を高砂族に、それぞれ改名した。

三、村山等安の台湾遠征の試み

秀吉に続き、慶応十四（一六〇九）年、徳川家康は、九州のキリシタン大名・有馬晴信を遣わし、武卒を伴なって台湾を探索させた。続いて、家康は長崎代官・村山等安（豪商、キリシタン）に台湾の経営を任せるといった意味の朱印状をあたえた。

等安は長崎を中心に四千人の私兵を募り、兵船十三隻をととのえ、次子の秋安に託した。秋安がそれを率い、長崎を発ったのは元和元年（一六一五年）である。船隊は琉球列島に沿って南下中、暴風雨に遭って潰滅、一隻のみが淡水近くに漂着し、乗組員は原住民との戦闘中、割腹して全員果てた。

以上述べたように、一六二一年、顔思斉と鄭芝龍が漢人海賊船団を率いて台湾の中部にある笨港（北港）から上陸し、嘉義と雲林一帯を支配していた。一六二四年にはオランダ人が鹿耳門から上陸して台南を中心に南部台湾を支配していた。そして一六二六年にはスペイン人が鶏籠（基隆）から上陸して台湾の東北海岸一帯を支配していた。さらに台湾の各地に原住民の集落が散在していた。日本も朱印船を中心に台湾に進出していた。これが十七世紀中葉までの台湾の状況であった。

第五章　鄭氏王朝、清朝領有と日本統治時代の台湾

第一節　鄭氏王朝の時代

一、「開台聖王」の鄭成功

台湾の国際化時代に終止符を打ち、台湾に鄭氏王朝を樹立したのは、鄭芝龍と田川マツの間に生まれた日中混血児の鄭成功である。

鄭成功は、一六二四年七月十四日、平戸の川内浦千里ヶ浜で生まれた。伝承によると、同日、田川マツが千里ヶ浜へ貝拾いにいった際、俄かに産気づき、浜辺にあった大きな岩にもたれて福松（鄭成功の幼名）を生んだという。この岩は「児誕石」と名づけられ、三百余年たったいまも史蹟として保存されている。

鄭成功（福松）は七歳の時、父の鄭芝龍に呼び寄せられて平戸から福建の安平鎮に渡り、父から森という名を付けられ（鄭森）、十四歳で科挙の「郷試」（地方試験）に合格、「秀才」の号を得た（科挙の「郷試」の合格者には「秀才」という号が付与される）。一六四四年、清朝が中国本土に君臨した後、北京を追われた明の遺臣たちは、金陵（南京）で弘光帝を擁立したが、まもなく金陵が落ち、弘光帝は清兵の捕虜となった。翌年、遺臣たちはさらに南へ逃れ、福州で隆武帝を擁立した。

隆武帝擁立において、鄭芝龍等の働きが大きかったので、隆武帝は森を御営中軍都督に任命すると同時に、朱成功の名を賜った。朱は明王室の姓であることから、朱成功は死後、「国姓爺」とも呼ばれる。しかし、一般には「鄭成功」と呼んでいる。

ところが、一六四六年、鄭芝龍は清朝に投降した。田川マツは夫の行為を恥とし、泉州の自宅で自害した。隆光帝も絶食して命を絶った。鄭成功は厦門（アモイ）と金門を拠点にして「滅清復明（清を滅ぼし明を復興する）」の旗を上げ、一六五九年、十九万人の兵を率いて三千隻の船に乗せ、揚子江を遡って金陵（南京）を攻撃したが、敗退した。

翌年、台南のプロヴィンシア城に駐在するオランダ長官・コイエットは、鄭成功との関係改善をはかるため、かつて鄭芝龍の部下であった何斌を使者として厦門に派遣した。ところが、何斌はオランダ軍の配置図を携えて鄭成功に台湾攻略を進言した。

何斌の提言を受けて、一六六一年三月、鄭成功は艦船四〇〇隻、将兵約二万五千人を金門から出航させ、澎湖島の馬公で食糧などを補給し、さらに台南に向かった。四月一日、艦隊は鹿耳門に到着し、そこから赤嵌（台南市）に上陸し、オランダ人の行政中心であるプロヴィンシア城を攻め落とした。オランダ人は軍事要塞のゼーランジャ城に退去した。五月二十六日、鄭成功の大軍はゼーランジャ城に総攻撃をかけた。激戦の末、コイエット長官は鄭成功に降伏し、オランダ人を連れてバタビアに引き揚げた。これは西洋人が東洋人に降伏した最初の記録である。

台湾からオランダ人を駆逐した鄭成功は、プロヴィンシア城を承天府と改名し、これを「東都」と名づけて中央行政の中心とした。また、地方の行政区として二県が設けられた。すなわち北路一帯を管轄する天興県（嘉義地方）と南路を管轄する万年県（鳳山地方）である。そして父鄭芝龍が故郷の泉州に構築した安平の城を記念してゼーランジャ城を「安平鎮」と改名し、これを居城とした。

台湾に上陸した後、鄭成功はさらにルソン島を攻略して南海に強国を作って清朝と対抗しようと志していたが、はからずも、一六六二年の春、鄭成功は病に倒れ、五月八日、雄図空しく短い生涯をとじた。享年三十九歳であった。死後、「開山王」または「開台聖王」の諡号が与えられた。現在台南には鄭成功を祀る「延平郡王祠」がある。この廟は最初「開山王廟」または「開山聖王廟」と名づけられたが、清朝時代からいまの名称となった。

鄭成功の春秋祭典は、元来台南市政府が主催していたが、一九六三年から国の祭典となった。なお、一九六二年、長崎の平戸市が台湾の「延平郡王祠」から分霊を取り寄せ、同市の丸山公園に「鄭成功廟」を建て、毎年七月十四日に鄭成功祭りを催している。「鄭成功の居宅跡」も長崎県の文化財に指定されている。

二、鄭氏王朝の治績

鄭成功死後、長男の鄭経がその後を継ぎ、鄭経の後は、鄭克塽が擁立された。しかし、内紛が絶えず、一六八三年、鄭成功の元部下である施琅が清朝の軍隊を率いて台湾に入り、鄭克塽は抵抗をあきらめて降伏した。鄭氏王朝はわずか二十三年で滅ぼされたが、その間、鄭軍は「寓兵於農」の制度（屯田制度）を設け、土地開墾を奨励し、さらに福建から大量の移民を招いて土地開墾に従事させた。

当時、台湾の人口は約一〇万人であった。これに突如二万五千の軍人と五千人の軍人家族が加わり、さらに大陸から清朝統治を嫌って脱出する漢人が集団で続々とやってきた。食糧を確保するため、鄭氏は土地開拓を奨励したのである。その実施は軍屯、官墾と民墾とに分けて同時に行われた。

軍屯は「寓兵於農」の制度で、兵士は国土を守備しながら農耕を兼ねさせ、食糧の自給自足をはかった。当時、承天府、安平鎮、天興県、万年県に配置された文武官員および兵士は、みな土地の開墾に従事していた。いまの台南県の新営、後営、下営および高雄市の左営、前鎮などの多くの地名は、当時の軍屯地にちなんで付けられたものである。

大陸から招いてきた移民は土地開墾に従事させた。開拓は、南部の鳳山地方と嘉義地方から北へ進み、中部の雲林地方、彰化地方、さらに北部の新竹地方、淡水河の沿岸一帯へと広がり、最南端の恒春地方にも開拓民が入植した。これによって、台湾の農業生産量は大幅に増え、食糧不足問題も解消されたのである。

鄭氏は、監軍御史・陳永華の提言を受け、平野地域に製糖業を興し、沿岸地域に塩田を拓き、また窯を造って煉瓦焼きを伝えるなどの産業を興した。さらに、国際貿易の発展をはかるため、鄭氏は船団を編成し、日本、琉球、ルソン、シャム（タイ）、マラッカなどに出向き、諸外国と貿易を行わせた。当時、長崎に入港する台湾の商船は年間五十隻にのぼり、他方、台湾へは外国船が頻繁に来航し、イギリス人が台南で商館を設けるほど、国際貿易は繁栄を呈した。輸出品は、砂糖、塩、鹿皮、干肉などが中心で、輸入品は、火薬、兵器、紡績品などが主であった。

陳永華は、「十年の成長、十年の教養、十年の生聚、三十年にして中原（大陸）と相甲乙する（一、二を争う）」との長期計画を立て、精力的に人材の養成に力を入れた。一六六四年、聖廟（孔子廟）や学校が建設され、儒教に基づく教育が開始された。人材選抜の科挙制度も採用された。その実施は、郷試、会試、殿試に相当する州試、府試、院試の三階級に分けて行われた。

このように、鄭氏治台時期、鄭成功とその後継者は明の政治文教制度を台湾に導入し、台湾を漢人文明圏に組み入れた。また、鄭軍の屯田と漢人の入植によって漢人村落が形成され、人口の構成も漢人が原住民を上回った。かくして台湾の社会は、原住民を主体とする社会から漢人を主体とする社会に変貌したのである。

第二節　清朝領有の時代

一、施琅の台湾侵攻

施琅は、元来陳永華と並んで鄭成功の両腕となる側近の幹部であった。ところが、鄭成功が台湾攻略を決意した際、施琅は鄭成功を裏切って清朝に投降した。康熙帝は、施琅を福建水師提督に任命し、台湾征伐の重責を託した。

康熙二十二（一六八三）年六月十四日、施琅は、兵員二万余人と艦船三〇〇隻からなる征台軍を率いて厦門南の銅山港を発って台湾に向かった。途中、清軍は澎湖島で劉国軒の率いる鄭軍に遭遇し、両軍による海戦が展開された。鄭軍は二万人の兵員と二〇〇隻未満の艦船を以て応戦したが、兵力の差で惨敗した。

七月八日、承天府の使者が澎湖島に渡ると、施琅は使者に「台湾の土地と人民は、すべて清朝の版図に編入する。応じなければ、ただちに総攻撃をかける」と威嚇して帰らせた。七月十四日、承天府の使者は再び澎湖島を訪れ、承天府が投降を決意したことを伝えた。八月十三日、施琅は艦隊を率いて台南に上陸し、承天府に入城した。鄭克塽は文武百官を率いて施琅に降伏した。これにより、一六六一年鄭成功の入台以来、二十三年にわたって台湾を基地とした「反清復明」の旗が降ろされた。十一月二十二日、施琅は台湾の守備を総兵呉英に託して厦門に凱旋した。

二、台湾の棄留をめぐる論議

康熙二十二（一六八三）年、施琅が台湾を征服したものの、清朝内部では台湾を放棄するかどうかをめぐって論争があった。放棄論者は、台湾は未開発の地で税収が少なく、この島を保留することは、国家にとって大きな財政負担となるとし、また、台湾は匪賊や反逆者の巣窟であり、海峡を隔てて統治するのは困難であると見ていた。したがって、彼らは、台湾を領有するよりもむしろ台湾を放棄し、台湾島内の漢人を大陸の原籍に引き上げるべきだと提言した。康熙帝も澎湖島を確保すれば福建沿岸の安全を守ることはできると判断し、一度は台湾を放棄する決意を固めた。

これに対して、台湾の潜在的経済価値と戦略的地位をよく知る施琅は台湾の保有を主張した。彼は康熙帝への上奏文の中で次のように強調した。まず「台湾は土地が肥沃で物産も豊富、その利益は大きい」、「台湾を守ってこそ澎湖が守られる」、「台湾は江蘇、浙江、福建、広東四省にとって枢要の地である」と力説し、最後に「断じて台湾を放棄してはならない」と結んだ。翌年、康熙帝は台湾の保留を決定した。

康熙二十三（一六八四）年、清朝政府は台湾本島と澎湖を統治する行政中心として台湾府を設け、これを福建省に隷属させた。府の下に台湾（台南）、鳳山（高雄）、諸羅（嘉義）の三県が設けられ、府と県にはそれぞれ知府や知県が置かれた。制度上、台湾府は福建省の管轄下に置かれているので、清朝政府直轄の行政区ではなかった。

三、台湾渡航禁令の実施

康熙二十二（一六八三）年、清朝政府は台湾を領有した後、台湾が二十三年にわたって「反清復明」の基地となっていたことに鑑み、台湾の治安維持法ともいえる「台湾編査流寓例六部処分則例」を公布した。これによれば、「台湾の流寓者（既存の移民）の中で、妻子のない無職者は、すべて大陸の原籍に強制送還する。妻子もちの有職者は府県によって原籍に通知し、ならびに台厦兵備道（台湾・厦門を管轄する道台）、巡撫、総督に報告して登録する」とされている。康熙三十三（一六九四）年にはさらに「渡台禁令三条」を公布し、福建、広東から渡台する移民を許可制にし、これに違反した者は厳罰に処するなど、厳しい規制が加えられた。三条の禁令は次のとおりである。

（一）台湾への渡航を希望する者はまず原籍地において照単（身分証明証）をもらい、台廈兵備道の査証を経て、台湾海防同知（台湾海上保安長官）の審査に基づき認可を受ける。潜渡（密航）は厳しく処罰する。

（二）台湾に渡航する者は家族を帯同してはならない。また、すでに居住している者も家族を呼び寄せることはできない。

（三）粵地（広東省）はかねて海賊の淵叢（巣窟）であり、その積弊がまだ解消されていないので、同地の住民の台湾渡航を禁止する。

この禁令によって、台湾への移民は渡台許可証をもつ独身男子だけに限定された。しかし、禁令の執行は、ときに厳しくときに緩やかであったため、禁令を破って渡台する移民は後を絶たなかった。

四、法網をくぐる密航移民

台湾には明清時代から「台湾銭淹脚目（台湾に踝《くるぶし》まで埋まるほどの金がある）」という諺がある。この諺は移民を通じて福建、広東一帯に流布されていった。当時福建、広東両省は、すでに人口が過剰になっており、これに加えて清朝が「遷界令（沿岸地帯の住民を内陸へ移住させる命令）」を実施したため、沿海地帯の人民は生活が苦しく、いたるところに流民が群れとなっている。こうした背景のもとで、「台湾銭淹脚目」の噂を信じて台湾に渡る移民が潮のように押し寄せてきたのである。

しかし、渡台禁令がある以上、新天地を求めて台湾に渡航する移民は、法網をくぐり抜けねばならない。そこに「客頭（密航の請負業者）」と「船戸（船頭）」が暗躍する。客頭は移民から多額の渡航費を取って台湾まで送ると約束するが、途中で移民を騙してどこかの島に降ろし、そのまま置き去りにすることがよくある。また、検問所で発覚すると、移民は原籍に送り返される。さらに、海峡で嵐に遭えば波に呑み込まれて魚の餌となることもある。その悲惨さに関して、『重修台湾県志』巻二に生々しく描かれている。

「内地の窮民で台湾に生活を営む者は数十万もいるが、嚢《ふところ》に余裕がないので、帰郷の日が見えない。父母妻子は生活に困り、台湾へ行って扶養を切望している。しかし、禁令があるため、彼らは群れを組んで船頭に渡航費を払い、水手の替え玉にして検査を受ける。婦女家族は夜半に小型漁船に乗って港を出た後、密かに大船に乗り換える。台湾に近づくと、また漁船が夜半に迎えにくる。これを「灌水《クワンツイ》（別のパイプに水を注ぐ）」という。

検問所で発覚すれば、奸梢（悪質な船頭）は法律に照らして尋問を受け、刑が固まり次第その罰を受ける。そして杖刑を受けて原籍に追い返された愚民は、家に戻っても、そこには何も残っていない。さらにひどいことは、客頭が海に慣れている海賊とグルになって小さなぼろ船を雇い、数百人もすし詰めにしたうえ、船室の出入口を釘付けにし、船室から乗り降りできないようにする。闇夜を見計らって出航するのだが、しばしば嵐に遭って乗客がみな魚の餌になる。

岸に近づくと、発覚を恐れて沙洲を見つけて乗客を騙して船から降ろす。これを「放生《パンシィン》（置き去りにして生かす）」という。沙洲から岸までの距離が遠く、深いところに落ちると、全身泥の中に沈んでいく。これを「種芋《チィンオァ》（里芋を植える）」という。あるいは満潮に遭って波に呑み込まれて死んでいく。これを「餌魚《チィヒイ》（魚の餌となる）」という。

しかし、死の危険があっても戦乱や飢餓が起こるたびに禁令を破って台湾に渡るものが急増した。したがって、台湾の漢人人口は年々増え続け、原住民に比べて圧倒的な勢力となった。推定では、一六八三年（鄭氏王朝の末年）、台湾の漢人人口は約二十万人にすぎなかったが、乾隆四十五（一七八〇）年には七、八十万人にのぼったという。

五、男女不均衡問題

渡台禁令は、既存の移民が故郷から妻子を呼び寄せることは許されず、新しい移民が妻子を帯同することも認められないとしている。もともと台湾には女性はきわめて少なかった。康熙六十（一七二一）年、台湾全島の二十六万の漢人人口のうち、女性は千人もいなかった。府や県の所在地に旧移民のごく一部に妻をもつ者がいたが、開拓地の農村地方では何処へ行っても男ばかりであった。諸羅（嘉義県）の町から五十里離れた大埔庄の場合では、一七二一年の全村の人口二五七人のうち女性はたった一人だけであった。

移民の男性は、ほとんど所帯を持たなかった。したがって、彼らは落着くことができず、また故郷に戻るのも難しいので、精神状態はつねに不安定であった。清朝時代、台湾には「羅漢脚」（定職と定住地がなく各地に放浪する独身男子）が全人口の二、三割を占めていたという。これはまさに時代の産物である。

康熙時代、台湾の行政区は一府三県だけであった。その後、福建と広東からの移民が大量に増え、漢人の開拓地が台湾北部に拡大していったので、清朝政府は雍正元（一七二三）年に、台湾の行政区を一府三県制から一府四県二庁制に改めた。新設の県と庁は、中部の彰化県、北部の淡水庁と台南県から独立して昇格した澎湖庁である。

移民による人口の増加と県庁の増設は渡台禁令の有名無実を意味するものであった。したがって、乾隆十五（一七六〇）年、福建巡撫・呉士功は渡台禁令の廃止を上奏し、乾隆帝はこれを採択した。それ以降、台湾への移住は公認され、男女の移民も自由になり、男女不均衡の問題は解消の方向に向かった。

移民の自由化により、台湾への移民が急増し、開拓地は台湾北部から東北へ、さらに東部へと広がっていった。そのために、嘉慶十七（一八一二）年、清朝政府はいまの宜蘭に噶瑪蘭庁を増設し、一府四県三庁制が発足した。

六、移民の出身地

台湾の移民は、閩南（ミンナン）系と客家（ハッカ）系に分けられる。閩南の「閩」は福建省の略称で、その名は同省中部を横切って東西に流れる閩江に由来する。したがって、閩南とは閩江以南の地方を指し、つまり福建南部のことである。閩南地方に住む人は閩南人と称し、母語は閩南語という。ただし、台湾では閩南人を福佬（ホォロー）人、閩南語を福佬語とも称している。台湾に移住した閩南人は、泉州、漳州、汀州、龍岩、福州、興化、永春などの出身が中心であるが、その中で、泉州と漳州の出身が大多数を占める。

国際化時代、台湾の中部を支配していた顔思斉は福建漳州の出身で、鄭芝龍の出身地はそのすぐ隣の泉州である。また、鄭氏王朝の文武官員と兵卒も泉州人と漳州人が多数を占める。さらに、靖海侯・施琅も、これまた泉州の出身である。この歴史背景から、泉州人と漳州人が大量に渡台したのである。

台湾の客家系の移民は、広東省の潮州、嘉応州、恵州の出身が多数を占める。客家の「原郷」（出身地）は広東省にとどまらず、福建省もその重要なルーツである。とくに福建省の汀州府からの客家は少なくない。台湾の客家語群には旧嘉応州に属する四県（興寧、五華、平遠、蕉嶺）、旧恵州府の海陸（海豊、陸豊）および旧潮州府の饒平の三系統がある。

七、清代の台湾社会

台湾へ移民した漢人は、往々にして同宗（同姓）同士または同郷同士で一つの村に住み、同宗の姓や故郷の名を新しい村の地名とする。同宗は血縁関係によって結ばれ、同郷は地縁関係によって結ばれ、それぞれ同宗会や同郷会のような組織をつくっている。

移民が新天地に着くと、村に廟を建てて故郷から迎えてきた守護神を共同信仰の神として祭る。したがって、宗族と原籍が異なると、祭る神も異なる。たとえば、漳州出身の移民は主として開漳聖王を祭り、泉州出身の移民は概ね保生大帝を祭り、そして客家系の移民はほとんど三山国王を祭る。ただし、媽祖、関帝、土地公のような大衆信仰の神に対しては、移民はみな共同で祭る。なお、同宗には先祖を祭る宗祠があり、宗祠の祭祀活動と資産の運営はすべて同宗会によって行われる。

移民は廟宇の祭祀活動を通じて同宗、同郷ないし同族群の意識を固め、互助の精神を高め、並びに故郷の伝統を守っていく。したがって、廟宇の祭祀活動は、初期の移民社会にとっては欠かせないものであり、年間最大の行事となっていた。

しかし、清朝領有時代において、台湾の社会には「分類械闘」と称する闘争が旧移民と新移民、漢人と原住民、閩南人と客家人、泉州人と漳州人、宗族と宗族の間に繰り返し行われていた。また、政府や官吏の腐敗に対する人民の反乱も絶えず発生していた。

八、台湾省の設置

清朝は台湾を領有した当初、台湾を反逆者や匪賊の巣窟と見て、鄭氏配下の官員、軍人とその家族、および流寓（流れ者、すなわち既存の漢人移民）を大量に原籍地に送還した。さらに、海峡両岸の悪党の相互往来を断ち切るため、大陸沿岸に「遷界令」を実施すると同時に、渡台禁令を頒布して台湾への移民に厳しい規制を加えた。そのために、清朝領有初期、台湾の人口は一時急減した。しかし、すでに述べたように、禁令があるにもかかわらず、台湾への移民は後を絶たず、年々増え続けていた。したがって、禁令が形骸化し、清朝政府はついに海禁を廃止した。

漢人が台湾に入植した後、民間では漢学を伝授する書院、義学、社学、民学（書房）のような私塾が各地に登場した。官庁の方では台湾府に府儒学が、台湾県、鳳山県、諸羅県には県儒学が設けられた。儒学は人材の養成と科挙試験の主催がその主要任務である。こうして大陸の文教が系統的に台湾に導入されたのである。

しかし、一九世紀末まで、清朝政府は台湾に対し、一貫して消極的な政策を採り続けていた。行政上、台湾府は福建省に隷属し、清朝政府の統治は間接的なものであった。したがって、台湾の開発は移民に任せっ放しで、長期的な計画はなかった。防衛面においては、なおさら杜撰《ずさん》なものであった。

一八七一（日本の明治四）年、琉球漁民が海上で台風に遭い、台湾の南端に漂着し、漁民の多数が牡丹社の原住民によって殺害された。日本政府は清朝政府に抗議したが、清朝政府は原住民を「化外の民」とし、事件は清朝と関係がないと答えた。明治政府はこれを口実に、一八七四（明治七）年台湾に出兵して牡丹社の原住民を攻撃した。結局、清朝政府は日本に賠償金を払うほか、琉球人が日本の民であり、琉球諸島が日本の属地であることを間接的に承認した。

日本の台湾出兵によって清朝の対台湾政策は、その変化を見せ始めた。一八七四年、清朝政府は、台湾の海防を強化するため、総理船政大臣の沈葆楨を台湾に派遣した。沈葆楨は安平、旗後、東港などの地に砲台を建てたほか、統治の強化を図るため、行政区を調整し、台南の台湾府に加えて台北府が新設され、県と庁も若干増設された。

一八八四年、清朝とフランスの間でベトナム問題をめぐって戦争が起こった。清朝政府は、フランス軍の台湾侵攻に備えて、劉銘伝を巡撫として台湾に派遣した。フランス軍は、澎湖島を占領し、台湾の北部を侵した。これに鑑み、清朝は翌年十月十二日、台湾を省に昇格させ、劉銘伝を初代巡撫に任命した。

劉銘伝は、巡撫就任後、行政区の再調整を行った。台湾中部に台湾府を新設してこれを省都とし、元来の台湾府を台南府に改め、北部の台北府と合わせて三府となった。さらに、台湾の近代化をはかるため、劉銘伝は、積極的に台湾の経済、交通、国防、教育などの建設を推進し始めた。だが、時すでに遅し。一八九五年、日清戦争の結果、清朝は台湾を日本に割譲し、台湾は新しい運命を迎えるに至ったのである。

第三節　日本植民統治の時代

一、日本の台湾領有

一八六八年の明治維新以降、日本は「富国強兵」と「殖産興業」のスローガンのもとで国内改革を行ない、積極的に産業近代化と軍備の増強を推進し、ついに名実とも「富国強兵」の国家となった。

こうした時期に、一八九四年、朝鮮の「東学党」による反乱が起こり、清朝は李朝の要請に応じて反乱鎮圧の兵を朝鮮半島に派遣した。これを見て、日本も朝鮮半島に出兵し、清軍と交戦するに至った。

清朝は、最精鋭の北洋軍を投入して戦ったが、陸海軍ともに惨敗を喫し、日本に降伏した。一八九五年三月二十日から四月十七日にかけて、下関で日本側の全権代表・伊藤博文と清朝側の全権大臣・李鴻章の間で和平交渉が行われた。会談期間中、李鴻章に対する狙撃事件というハプニングがあったが、四月十七日、日清講和条約が成立し、台湾と澎湖諸島が日本に割譲されることになった。五月八日、日本の伊藤美久治と清朝の伍廷芳が山東省の芝罘《しふ》において条約批准書の交換を終え、講和条約の効力が発生した。これによって、台湾と澎湖島は日本の植民地となったのである。

五月十日、明治政府は、海軍大将樺山資紀《かばやますけのり》を初代台湾総督に任命し、陸海軍務を兼ねた台湾授受の全権委員として台湾に派遣した。清朝側の全権代表は李鴻章の息子の李経芳であった。このころ、台湾にはすでに日本への割譲に反対する台湾民主国が誕生している。したがって、李経芳は島内に入るのをあきらめ、搭乗してきたドイツ船「公義号」を基隆港外に停泊させ、六月二日に基隆港外の「横浜丸」船上において樺山総督と台湾割譲の授受式を行った。ここにおいて、台湾は正式に日本に引き渡され、樺山総督による台湾統治がスタートした。

二、台湾民主国の樹立と抗日運動

台湾割譲のニュースが台湾島内に伝わるや、台湾の官民は騒然となり、一致して清朝に挽回を促し、列強諸国にも支援を求めた。だが、清朝からは何の音沙汰もなく、列国も援助の手を伸ばさなかった。台湾住民は自力救済を図るしかなかった。

進士の丘逢甲と副将の陳季同は百余名の台北士紳を集めて協議し、唐景崧巡撫を総統に推挙して台湾民主国を樹立することを決定した。一八九五年五月二十五日、礼砲鳴り響く中で台湾民主国が誕生した。台湾民主国は「藍地黄虎」の旗を国旗とし、年号を永清と定めた。「永清」とは、「清の正朔を永遠に奉じる」ことである。したがって、台湾民主国は、当初、完全な自主独立を考えていなかった。

丘逢甲は義軍の統領に就任し、全島の同胞に「台湾はわれわれ台湾人のものであり、私的に授受することは許さない。清朝はわれわれを棄てたが、われわれは自分を棄てていいのか」と訴え、台湾人による自主的抗日戦を呼びかけた。当時、台南の守備に任じていた名将劉永福も「台湾と存亡を共にする」と誓って民主国に参加した。唐景崧は劉永福を民主国大将軍に任命した。

しかし、まもなく陸軍中将・北白川宮能久親王が近衛師団を率いて三貂角から上陸して基隆を攻略し、六月二日にこれを占領した。日本軍は破竹の勢いで前進し、民主国の守備軍は総崩れとなって敗れ、唐景崧をはじめ民主国の指導者はほとんど大陸へ逃げて帰った。六月十四日、樺山総督は台北に入城し、十七日に旧巡撫衙門において総督府始政式を挙げた。明治政府は、この日を日本帝国の台湾始政記念日と定めた。

日本軍が台北に入城した後、台南を守備する劉永福は黒旗軍を指揮して抗日を続け、各地の民衆も次々と自衛の義軍を組織して抗日に参加した。六月下旬、能久親王の近衛師団が南下し、新竹、彰化、嘉義などで激しい抵抗にあったが、十月に入って、日本軍はいよいよ劉永福が守備する台南に迫り、台湾占領の戦いは最終決戦を迎えた。

十月中旬、日本軍は三方面から台南城に対する攻撃態勢を整えた。劉永福は講和を求めたが、拒否されると、十月二十日に英国船タールス船号に乗って厦門に逃れた。翌日、日本軍はまったく抵抗なしで台南を占領した。台湾民主国の抗日はここで幕を降ろした。

台南占領後、台湾総督府は全島平定を宣言したが、各地の義民による抗日運動は後を絶たない。史明氏の研究によると、一八九五年から一九〇三年までの九年間に発生した抗日の件数は、総統府所在地の台北が二回、全島各地の支庁、駐屯所への襲撃が五十数回、警察派出所への襲撃は枚挙にいとまがなかった。その間、一八九八年からの五年間に、殺された「匪徒」（台湾総督府は抗日の義民を匪徒と呼ぶ）は一万九百五十人に達し、そのうち「匪徒刑罰令」に照らして死刑に処せられたものは二千九百九十八人であったという。犠牲はきわめて惨烈であった。

明治四十（一九〇七）年以降、台湾各地で相前後して十余件の組織的な抗日事件が発生した。

その中で、北埔事件、林紀埔事件、土庫事件、苗栗事件、六甲事件、西来庵事件、霧社事件などは、いずれも日本政府に衝撃を与え、台湾総督府を困らせた事件である。

三、総督専制の統治体制

一八九五年六月十七日、樺山資紀総督は、台北で台湾総督始政式をあげた翌日から民政事務を開始した。ところが、中南部地方の戦闘がなお行われているため、八月、総督の下に軍事官衙を設置し、民政を中止した。地方には軍事の進展に伴って、平定した地区に地方庁を開設し、十月下旬には全島の過半地区に地方庁が置かれた。翌年四月、全島が平定されたので、中央および地方の行政機構を新設して民政事務を再開した。

始政から一九四五年までの五十年間、総督は全部で十九人を数える。そのうち、第一代樺山資紀総督から第七代明石元二郎総督までの二十四年間は武官総督時代であり、第八代田健治郎総督から第十六代中川健蔵総督までの十六年間は文官総督時代であり、そして第十七代小林躋蔵総督から最後の第十九代安藤利吉総督までの九年間は再び武官総督時代となった。

台湾総督は台湾を統治する最高長官であり、日本政府から絶大な権限を授けられている。中央政府の一元的運営に属する軍事や外交、または法令の規定によって特に中央政府の権限に属するものを除き、総督は主務大臣の監督の下で台湾における行政、立法、司法に関する諸般の政務を総覧し、ならびに人事任免権、律令制定権、裁判管轄権を擁し、さらに軍隊使用の請求権も付与されていた。

また、総督は法律の特別の委任により、その命令を以て法律事項を規定できるとされていた。この命令を律令《りつれい》という。制定された律令は、主務大臣を経て勅裁を請わなければならない。臨時緊急を要する場合には、総督は勅裁を経ずに直ちに律令を発することができる。この場合は公布後ただちに勅裁を請わなければならない。もし勅裁が得られない場合には、総督は直ちにその命令の将来に向かって効力のないことを公布しなければならない。

軍隊使用の請求については、総督は治安維持のため必要と認めるときは、その管轄区域内における陸海軍の司令官に軍隊の使用を請求することができるとされていた。元来、台湾総督は武官をもって任命されていたのであるが、一九一九（大正八）年の官制改正により、その資格制限が撤廃された。ゆえに軍隊使用の請求権が付与されたのである。

その他、総督は法令の定めるところにより、広く各種行政行為をなし、また管内の自治団体その他に対する監督権を有する。

台湾領有当初の行政機構は、台湾総督府の下に県と庁が設けられ、その下に弁務署があり、いわゆる三級制が採られていた。弁務署は地方の実務に当る機構として置かれ、県と庁は総督府と弁務署に介在する一種の取次ぎ機構にすぎなかった。

その後、弁務署が廃止され、総督府と県（庁）の二級制となった。そして一九二〇年（大正九年）、地方制度の大改革が行われ、台湾の行政区域は五州三庁制となった。すなわち台北、新竹、台中、台南、高雄の五州と台東、花蓮港、澎湖の三庁である。州と庁の下に第二級の地方行政組織として郡と市が設けられ、郡の地区に第三級の地方行政組織である街、庄がおかれた。

州と庁は第一級の地方行政組織であり、州には州知事、庁には庁長が置かれた。州知事と庁長は総督の監督を受け、他の官庁の権限に属する交通、専売、税関などの事務を除き、管轄内の行政事務を監理する。総督は知事または庁長の命令または処分で、不当があると認めるときは、その命令または処分を停止し、または取り消すことができる。したがって地方行政機構は自主権や自治権に欠け、総督の命令を奉じて公務を遂行するものであった。

なお、総督府の台湾統治にとって欠かせない重要な組織がある。すなわち警察制度である。台湾占領初期、総督府は抗日の鎮圧と治安維持のため、絶えず警察組織を拡大し、全台湾に強力な警察網を築き上げた。台湾警察の任務は日本内地の制度と異なり、固有の警察事務以外に一般行政の事務をも兼ねていた。

警察の主な職務は次の三項目に集約される。一つは法律の執行と公共秩序の維持であるが、公共集会の監視、軽犯罪事件の審理、アヘン吸引の取り締まり、質屋の管理などが含まれている。二つ目は、地方政府に協力して一般事務を処理すること、たとえば政令の宣伝、税収の催促、戸籍の管理と戸口調査などである。三つ目は、原住民部落の管理で、原住民の児童に対する教育も兼ねている。まさに万能の警察である。

台湾総督の統治体制の中にもう一つの末端組織がある。すなわち保甲制度である。保甲は地方組織で、その編成は、十戸を以て一甲とし、十甲を以て一保とすることが通例となっている。甲には甲長、保には保正（村長）が設けられている。制度上、保甲制度は警察の下級補助機構として利用され、主な任務は抗日分子の検挙、治安の維持、出入者の監視、伝染病の予防、橋や道路の建設、義務労働などがある。保甲の職務を執行する機関として保甲役員、壮丁団、保甲会議が設置されている。

このほかに、総督府はつねに保甲組織を利用して、纏足や弁髪の追放、日本語の普及、風俗の改良、迷信の打破、農業の改良などの運動を行っていた。したがって、保甲制度は総督が台湾島民を動員する重要な道具であった。

四、近代化諸制度の導入

日本植民地統治の五十年間、日本政府は、台湾の住民を「二等国民」として取り扱い、台湾総督府を通じて高圧的な統治政策を行なっていた。なお、植民統治の末期には、日本が太平洋戦争に突入したため、台湾の住民も戦争に巻き込まれ、いやおうなしに「皇民」の義務を強いられた。

しかし、日本政府は台湾を自国領土に編入した後、台湾を非日本的文化圏から脱却させ、日本文化圏並びに日本経済圏に組み込む政策を採り、日本の近代的諸制度を台湾に導入すると同時に、台湾の産業発展と基本建設を推進した。こうした植民地政策は、当時は日本の国益に基づいて行なわれたものであったが、結果的には台湾の近代化を促した。

法律、行政、司法、警察、戸籍に関する法治制度および地方の行政制度は、台湾総督府の統治体制の確立過程において相次いで導入された。文教制度については、総督府は初め教育を植民地統治政策の道具とし、初等教育では日本語教育に力を入れ、中等以上の教育では実用教育を重視した。

初等教育制度の実施において、総督府は差別政策と隔離政策を採り、学齢児童を日本人、台湾人，原住民に分け、それぞれに小学校、公学校、蕃人公学校（蕃童教育所ともいう）の施設を設立した。その後、台湾統治の進展につれて、公学校の数は不断に増え、一九四〇年には学齢児童の入学率は六〇％に達し、そして一九四三年、義務教育が実施され、一九四五年の入学率は八〇％にのぼった。

中等教育については、当初、総督府は初級技術の人材を養成するため半年から二年の職業講習所を設立したが、その後、技術労働の需要に応じて二年制の実業補修学校を増設した。一九一九年以降、普通中学校、商業、工業、農林、水産などの職業学校が相前後して増設された。しかし、植民地統治の下で、総督府は台湾人子弟が人文科学を学ぶのを奨励せず、初等教育の教師を養成する師範学校と医師を養成する医学校を設立した。

高等教育の面では、医学校のほか、一九一九年以降、農林、工業、商業、師範などの高等学校および台北帝国大学（現台湾大学）が設立された。その他、植民地政策の発展を図るため、総督府は一九二一年に、各種の産業調査機構を統合して、台北に台湾総督府中央研究所を設立し、農業、製糖業、工業、衛生などの研究調査を行わせた。同研究機構は、卓越した研究成果を挙げ、台湾の人文、自然および応用科学の基礎を築き上げた。

五、農業改革と産業開発

植民統治初期、台湾総督府は、台湾の土地制度の改革を行い、耕地面積を測量して土地所有権を確定した。政策上、総統府は、「農業台湾、工業日本」の方針に沿って、台湾を米と砂糖の生産地とし、積極的に農業改革に取り組み、各地に農業研究機構を設立して品種の改良や化学肥料の開発ないし技術指導に従事させた。また、耕地面積の拡大と生産力の向上を図るため水利灌漑施設を建設した。その中で、規模が最も大きいのは八田与一が設計して建設された烏山頭ダムと嘉南平野を流れる嘉南大圳の灌漑システムである。その灌漑面積は十五万ヘクタールに達した。

灌漑システムの完成に伴い、水田面積が急速に増え、米の生産量は加速的に増加を見せた。一九二二年には新品種の蓬萊米の栽培が成功し、台湾の米作は大きく前進した。稲作の奨励と同時に、総督府は台湾の製糖業の発展に力を入れ、甘蔗（サトウキビ）の栽培を奨励し、各地に製糖工場を建設し、台湾に製糖の王国を築きあげた。

工業の発展においては、総督府は政策的に経済発展の重点を農業に置いていたため、工業は長期にわたって農業に付随し、農産物の加工業に努めた。しかし、一九三〇年代以降、日本の南進政策に伴って、総督府は台湾を日本の南進補給基地にするため、積極的に台湾の工業発展を推進し始めた。その結果、農産物加工業がさらに発展し、化学、金属、機械工業なども顕著な成長を見せ、台湾は農業社会から半農業半工業社会へ移行し始めたのである。

その他に、総督府は日本内地の貨幣制度と度量衡制度に照らして台湾で新貨幣を発行し、度量衡を統一させ、並びに各地に郵便局を建設して郵政、電報、電話の業務を開始させた。さらに、遍く自動車道路を建設するとともに、基隆から高雄までの縦貫鉄道を完成させた。

六、台湾社会の変貌

日本植民地統治以前、台湾はマラリア、ペスト、コレラなどの熱帯伝染病がしばしば発生するところであった。日本領台後、総督府は近代的な医療制度を台湾に導入するとともに、衛生環境の改善を推進し、水道を敷設して飲用水を提供し、ついに病原を断ち切って伝染病の撲滅に成功したのである。その結果、死亡率が大幅に低下し、人口は増え続けた。一八九六年の人口は約二百六十万人であったが、一九四三年には約六百万人に達した。

伝染病以外に、当時の台湾では纏足、弁髪の習慣があり、また、アヘンを吸飲する習慣も蔓延していた。これらの悪習に対して、総督府は漸進的な措置を採ってやめさせた。なお、総督府は標準時間制度を台湾に導入し、学校の時間割、官庁、工場の出退勤時間または駅の時刻表などを通じて、学生、役人、社員および一般大衆に時間を守る習慣をつけさせた。

植民地統治の後期、台湾で知識人による政治改革の要求運動が展開された。林献堂、蒋渭水、蔡培火、楊肇基らが中心になって民権の獲得および完全な地方自治の実現を目指して、総督府に議会の設立、地方の首長と議員の民選などを強く要求した。一九三五年、総督府はついに若干の要求を受け入れて政治の改革を行い、今まで全員官選であった地方議員を半数官選、半数民選に改めた。

以上述べたように、日本植民地統治時代、総督府は台湾で専制的な統治政策を行い、台湾人を二等国民とし、さらに皇民化を押し付け、最後には台湾人を戦争に巻き込み、数万人の戦死者を出させた。他方、総督府は台湾に近代的な諸制度を導入し、台湾の教育レベルを向上させ、産業発展を促進し、また、台湾人に衛生の重視、時間の厳守、遵法の精神などを植えつけた。これらの事業は、台湾の発展と近代化に大きく寄与したことは否定できない。しかし、一九四五年、日本が第二次世界大戦で敗戦し、カイロ宣言とポツダム宣言に基づいて台湾を中華民国に返還した。これによって、台湾はまた新しい運命を迎えることになったのである。

第六章　中華民国時代の台湾

第一節　政治体制の特徴

一、三民主義に基づく五憲憲法の政治制度

一九一二年、孫文の率いる辛亥革命の成功によって誕生した中華民国は、元来全中国を統治していたが、一九四九年、国共内戦で敗れて台湾に移転した。それ以後、統治領域は、台湾本島、澎湖群島、福建省の金門島と馬祖島および南シナ海にある東沙群島と南沙群島の太平島などを含む諸島だけとなった。

統治領域が比較にならないほど急激に縮小したにもかかわらず、国民政府（中華民国政府の別称）は台湾に移転した後、中国を代表する唯一の「正統政府」という法統を維持するため、一九四七年に中国全土を統治対象として制定した「中華民国憲法」（以下「憲法」）を修正なしでそのまま台湾で施行した。そのために、立法府、行政府、司法府などを含む中央政府の組織とその規模は、憲法の規定に沿ってそのまま維持されることになった。したがって、現在台湾にある中華民国の政治制度はきわめて特異なものである。

中華民国の政治制度は、中華民国憲法第一条に「中華民国は三民主義に基づく民有、民治、民享の民主共和国である」と規定されているとおり、主権在民の共和制である。その特徴は、国民を代表して政権を行使する国民大会が設けられていたことと、総統の下に行政・立法・

司法・考試・監察の五院が置かれ、いわゆる五権分立制度が採られていたことである。これは、中国国民党（以下「国民党」）の創始者・孫文の唱える三民主義と五権憲法の実現を目標とする政治制度である。国民党の党規約第一条にも「中国国民党は民主政党であり、三民主義・五権憲法の実現を目標とし、中華民国を自由・民主・均富・統一の民主共和国に建設する使命を担っている」と明記している。これをみてもわかるように、中華民国の政治制度は国民党が政権を担当することを前提にしてつくったものである。

孫文の唱える五権憲法の憲政体制および権能区分の原理によれば、国家の権力は「政権」と「治権」によって構成される。政権とは選挙権、罷免権、創制権（initiative）、複決権（referendum）をもつ人民の権力であり、その行使は国民大会によって行われることになっていた。治権とは行政権、立法権、司法権、考試権、監察権をもつ政府の権力で、これは総統および五院によって行われる。政権と治権の区分は権能の均衡をはかるためである。

中央政府の五権分立制は、欧米諸国の三権分立の制度と中国固有の考試、監察の制度を融合したものである。考試院は全国（中央と地方を含む）の公務員の登用試験と資格審査を行う機構であり、監察院は公務員の違法行為に対する摘発や弾劾および会計検査を司る機構である。考試院と監察院の職権から見れば、両院とも三権分立制の行政府に属する機構であるが、五権分立制では行政院と同格になっている。一方、司法院大法官（Grand justice）会議の解釈では、国民大会、立法院および監察院の三つの中央民意機構は、ともに「民主国家の国会に相当するもの」となっている。

国民大会代表、立法委員、監察委員は、ともに国会議員として選挙によって選出されるものであった。第一期の総選挙は、憲政実施の一九四七年十二月末から翌年三月にかけて行われ、投票の結果、国民大会代表二九六一人、立法委員七七三人、監察委員一二三人が選出された。これら四千人に近い中央民意代表は一九四九年、約半数が国民政府に追随して台湾に渡ったが、彼らの選挙区は中国大陸にあるため、その後任期が満了になっても改選できない状態となった。しかし、蒋介石政権は、国民政府の法統を守るため、一九四八年国民大会によって採択された「動員戡乱時期臨時条款（動員して中国共産党の反乱を平定する時期の臨時条款）」（以下「臨時条款」）および一九四九年に敷かれた戒厳令を法的根拠として、中央民意代表の改選を凍結した。これにより、一九四八年に選出された第一期の中央民意代表は全員終身職の国会議員となった。これら終身職の国会議員はその後、年とともに老衰し、一九八〇年代にいたると、大多数が職務を果たせない老議員になって「老賊」（月給泥棒の老人）または「万年議員」という汚名をつけられた。

二、憲法の修正と中央民意代表の全面改選

「老賊」の問題が引き金となって、国民の間に抜本的な政治改革、とりわけ戒厳令の解除、憲法の修正、中央民意代表の全面改選、政治の民主化などを要求する声が日増しに高まり、国民政府に改革を迫った。蒋介石の後を継いだ蒋経国総統は、「時代が変化し、環境も変化し、潮流も変化しつつある」ことを国民に告げて改革の決断を下し、一九八七年七月十五日に三十八年間にわたって台湾に敷かれた戒厳令の解除を宣布した。これによって政治改革のレールが敷かれたが、翌年、蒋経国が逝去し、改革は後任の李登輝総統に委ねられることになった。

憲法を修正するにはまず憲法に対して拘束力を有する「臨時条款」を破棄しなければならないので、李総統は、一九九一年に第一期国民大会第二次臨時大会を召集し、「臨時条款」の破棄を採択させて憲法の修正を可能にした。修正は、一九四七年に制定された憲法のなかで台湾地区に適用できない条文を対象にして、原条文を留保したまま、新たに台湾地区に適用する条文を付けるという方式がとられた。この方式に沿って一九九一年から二〇〇〇年にかけて、計六回の憲法条文の追加または追加条文の修正が行われた。これらの追加条文とその修正条文は、「中華民国憲法増修条文」（以下「憲法増修条文」）と名づけられた。

これまでの憲法増修条文の主な内容は次の七点に集約される。（1）国民大会代表、立法委員、監察委員の定員を削減し、全面改選を実施すること、（2）国民大会代表の任期を六年から四年に短縮すること、（3）正副総統の選挙を国民大会による選挙から直接民選による選挙に改め、正副総統の任期を六年から四年に短縮すること、（4）総統の行政院長任命に立法府の同意が必要であったものを不必要に改めること、（5）総統に立法院の解散権を付与し、立法院には行政院長に対する不信任案の提出権を付与すること、（6）総統による直轄市長（台北市長と高雄市長）の任命を直接民選に改めること、（7）台湾省政府の組織を簡素化し、台湾省長と省議員の選挙を中止すること、以上である。詳細は次の節に譲る。

第二節　中央民意機構の改革

一、国民大会の改革と廃止

三権分立の民主国家では、国会は通常、参議院と衆議院または上院と下院によって構成される二院制が採られている。中華民国は五権分立制を採っているため、国会の構成はきわめて曖昧になっている。大法官会議の解釈では、国民大会、立法院と監察院は、ともに国会に相当する中央民意機構となっている。しかし、監察院は国家公務員の違法行為を摘発、弾劾し、並びに公務機構の会計検査を司る国家最高監察機構である。職権の性格から見れば、監察院は立法府に属するよりもむしろ行政府に属するのが妥当であろう。したがって、国会に相当する中華民国の中央民意機構は国民大会と立法院の二つだけである。

国民大会は全国民を代表して政権を行使する機構であるが、その職権はかなり限定的なもので、参議院や衆議院のどちらにも相当しない特異な性格をもつ国会である。なお、一九九一年から二〇〇〇年にかけて行われた憲法修正によって定められた国民大会代表の定数、選挙、任期などに関する規定は、一九四七年の憲法に規定されたものとは大きな違いがあった。

一九四七年の憲法の規定によると、国民大会の職権は次の四項目が含まれている。すなわち（1）総統、副総統の選挙、（2）総統、副総統の罷免、（3）憲法の改正、（4）立法院提出の憲法修正案の複決（再審議）、などである（第二十七条）。

国民大会を構成する国民大会代表の定数は、一九四七年の第一期国民大会代表選挙では三〇四五人と定められていたが、実際に選出されたのは定数より少ない二九六一人であった。第一期の国民大会代表の任期は六年で、これは、総統選挙を行う職権のため総統の任期にあわせたものである。

しかし、一九四九年国民政府が台湾に移転した後、改選が不可能となって国民代表の人数は次第に減少して半数を割り、このままでは総統、副総統の選挙が実施できなくなるので、蒋介石政権は一九五四年総統、副総統の任期満了に先立ち、一九五三年九月に「国民大会代表補充条例」を採択し、いわゆる「逓補制度（徐々に補充する制度）」を制定した。これを法的根拠として、国民大会代表に欠員が生じた場合、国民政府に追随して台湾に渡ってきた第一期国民大会代表選挙に落選した候補者から次点を繰り上げて補充することを可能にした。この方式は立法委員と監察委員の補充にも用いられていた。

だが、第一期国民大会代表選挙の落選者数には限りがあり、これに加えて高齢に伴って死亡者が年々増える一方で、欠員問題はますます深刻になった。そこで、国民政府が考え出した対策は「増補選挙」と呼ばれる方式である。増補選挙とは文字とおり、増員と補欠の選挙である。つまり、台湾の人口増加に合わせた台湾地区選出の国民大会代表の定数増と死亡などによる欠員を台湾地区から選出することである。この増補選挙は一九六九年から実施され、同年十二月に十五人が、一九七二年十二月には五十三人がそれぞれ選出された。これをきっかけに一九七二年から任期制が導入され、同年に当選した代表の任期を六年とし、それ以前に選出された代表を「終身代表」として区別することにした。つまり、増補代表は台湾で選挙された議員であり、任期によって改選が行われるが「終身代表」はほぼ全てが大陸中国で一九四九年以前に選出された議員である。

その後、増補選挙は引き続き行なわれていたが、「終身代表」の特権に対する国民の不満は日増しに強まっていった。一九八〇年代に入って、政治の民主化が進むなか、学生を中心に国民大会代表を含む「万年議員」の引退と中央民意代表の全面改選を要求する大規模な運動が展開された。これを受けて李登輝総統は、一九九〇年代になると、国民大会を召集して第一期の中央民意代表の全員退職を採択させると同時に、憲法の修正を通じて第二期の中央民意代表の全面改選を実施することを決定した。その結果、一九九一年十二月三十一日までに古参の国民大会代表が全員退職させられ、第二期国民大会代表の選挙は、一九九一年五月一日公布の憲法増修条文第一条の規定に基づいて中華民国の実効統治範囲だけ、つまり台湾、澎湖島、金門島、馬祖島で実施された。

第二期国民大会代表の選挙は、一九九一年十二月二十一日に行なわれ、三百二十五人の代表が選出され、その任期は、六年から四年に短縮され、一九九一年一月一日から一九九六年の第八代総統の任期満了前に国民大会が召集されるまでとなった。ところが、総統、副総統の選挙は、一九九二年五月二十七日の第二期国民大会臨時大会で採択された憲法増修条文第十二条の規定により、一九九六年の第九代総統選挙から従来の国民大会による間接選挙から台湾地区人民による直接選挙に切り替えることとなった。これによって国民大会は総統、副総統の選挙権を失ったのである。

しかし、一九九七年の第三期国民大会臨時大会において再修正された憲法増修条文では、国民大会の職権は拡大されて次のようになった。（1）副総統の補欠選挙、（2）正副総統の罷免提案、（3）立法院提出の正副総統弾劾案に対する再議決、（4）憲法の修正、（5）立法院提出の憲法修正案に対する再議決、（6）総統任命の人事（司法院の正副院長・大法官、考試院の正副院長・考試委員および監察院の正副院長・監察委員など）に対する同意権の行使、（6）国民大会開催時に総統の国情報告を聴取する権限、などである。

その後、憲法修正が行われるたびに国民大会に関する規定が変わり、二〇〇〇年四月二十五日公布の憲法増修条文第一条の規定では、国民大会の定数、任期と職権は次のとおりとなった。（1）国民大会代表の定数を三〇〇人とし、立法院が憲法修正案、領土変更案または総統、副総統に対する弾劾案を提出したとき、三ヶ月以内に比例代表制によって国民大会代表を選出する。（2）国民大会は選挙結果が確定した後、十日以内に会議を開いて立法院から提出された案件に対して再審議を行う。（3）会期は一ヶ月を期限とし、国民大会代表の任期も会期にあわせて一ヶ月とする。以上である。

この修正に伴って、国民大会の司法院長・考試院長・監察院長に対する人事同意権、正副総統の罷免、副総統の補欠選挙、総統国情報告の聴取、領土変更の決議などの職権が立法院に移行され、立法院は実質的な単一国会となった。

このように、国民大会は「常設型」から「任務型」に変わり、機構そのものも有名無実となったのである。その後、二〇〇五年六月の憲法改正によって、国民大会に関する条文、すなわち中華民国憲法第二十五条から三十四条および第百三十五条は全て「適用を停止する」こととなり、事実上、国民大会は廃止された。

二、立法院の改革

立法院は、日本の衆議院に相当する国家の最高立法機関である。その職権については一九四七年の憲法第六十三条では「法律案、予算案、戒厳案、大赦案、宣戦案、講和案、条約案および国家のその他の重要事項を決議する権限を有する」と規定している。しかし、一九九一年以降の憲法修正により、立法院の権限は次第に強化され、司法院長、考試院長、監察院長の人事同意権、正副総統の罷免、副総統の補欠選挙、領土変更の議決、総統の国情報告の聴取、行政院（内閣に相当）に対する不信任案の提出権などが追加された。

立法院の権限行使は案件によって異なった制約が付けられていた。正副総統の罷免案については、全立法委員の四分の一の提案、三分の二の同意を得た上で提出し、自由地区（台湾地区、以下同じ）選挙民の過半数の投票を経て、有効票の過半数が罷免に同意すれば、罷免が成立するとされていた。正副総統の弾劾案については、全立法委員の二分の一以上の提案、全立法委員の三分の二以上の決議を得て国民大会に提出し、憲法第九〇条、第一〇〇条および憲法増修条文第七条第一項の関連規定は適応されない。領土変更案については、全立法委員の四分の一の提案、四分の三の出席、出席委員四分の三の決議を経、並びに国民大会代表の三分の二の出席、出席代表四分の三の再議決による同意を得なければ、これを変更することはできないとなっていた。また、行政院不信任案（内閣不信任案）の提出には過半数の出席委員の二分の一の同意が必要とされている。

立法院を構成する立法委員は選挙によって選出されるが、その任期は元来は三年であった。院長（議長）、副院長（副議長）は立法委員の互選で選出される。院長、副院長の下に十二の常設委員会と四つの特殊委員会が設けられ、委員一人につき一委員会にのみ参加できる形をとっている。各委員会の委員長は召集委員と呼ぶが、その人数は各委員会の参加人数と比例して、十五人以下の場合は一人、十六人から三十人までは二人、三十一以上は三人となっている。

立法委員の定数と選挙については、一九四七年の憲法第六十四条は次のように規定していた。各省、各直轄市は人口三〇〇万以下五人、三〇〇万を超えれば一〇〇万人につき一人増加、蒙古（モンゴル）、西蔵（チベット）、辺境地区の各民族、在外華僑、職業団体からも選出される。この規定に基づき、一九四七年十一月に第一期の立法委員の選挙が行われ、七六〇人（定数七七三人）が選出された。このうち、五二五人が一九四九年に国民政府に追随して渡台した。

第一期立法委員の任期は一九五〇年十一月に満期となったが、国民政府の台湾移転により改選が不可能となったため、蒋介石政権は司法院大法官会議の解釈を経て、第一期立法委員の任期延長を合法化させた。その後、欠員を補うため逓補制度が導入され、さらに一九六九年から増補選挙が用いられ、三年ごとに改選が実施された。一九八九年一二月の選挙では百三十人（うち海外華僑代表二十九人）が選出された。しかし、第一期の立法委員は第一期の国民代表と同様、一九九一年十二月三十一日までに全員退職させられた。第二期以降の立法委員選挙は、同年五月一日公布の憲法増修条文第二条の規定（憲法第六十四条の制約を受けない）によって実施され、一九九二年の第二期立法委員選挙では定数百六十一人が、一九九五年の第三期立法委員選挙では定数百六十四人が選出された。

ところが、一九九七年台湾省機構簡素化の決定に伴い、台湾省議会が廃止されることになった。李登輝総統は省議会議員の出路をはかるため、憲法改正の手続きを経て第四期以降の立法委員の定数を百六十四人から二百二十五人に増員した。定数の配分は、次のとおりである。（1）自由地区の直轄市、県市より百六十八人、県市ごとに最低一人。（2）自由地区の平地原住民および山地原住民より各四人。（3）外国在留の国民より八人。（4）全国区より四十一人（同年七月二一日公布の憲法増修条文第四条）。上記の（3）と（4）の議席は政党比例によって選出、（1）の各直轄市、県市選出の定数および（3）と（4）の各政党の当選者数が五人以上十人以下の場合、女性に定員一人を保留、十人以上の場合、十人につき女性に定員一人を保留。

この新規定に基づき、一九九八年の第四期立法委員選挙、二〇〇一年の第五期立法委員選挙および二〇〇四年の第六期立法委員選挙は、ともに定数とおり二百二十五人の立法委員が選出された。この結果、二〇〇五年二月現在では、立法院における各政党の議席は、民主進歩党（民進党）八十九人、国民党（野党）七十九人、親民党（野党）三十四人、台湾団結聯盟（与党、以下「台聯」と略称）十二人、新党（野党）一人、その他十人となった。民進党の与党陣営は合計一〇一議席、これに対して国民党など野党陣営の合計は百十四議席となっている。過半数を制するには百十三議席以上が必要なので、陳水扁政権においては立法院の主導権は野党陣営が握っていた。

しかし、二〇〇五年に成立した憲法修正の結果、立法委員の任期は四年に延長されるとともに、定数は百十三人に半減された。憲法修正には立法院の四分の三多数という高いハードルがあるが、与党民進党も野党第一党の国民党も、新党や親民党、台聯などの派生的政党の拡大を望まず、二大政党に有権者の支持を集約するために小選挙区制を望んでおり、両党ともに、選挙において立法委員定数の半減を掲げていたため、憲法修正が実現したのである。したがって、この改革では定数半減と合わせて、日本の制度と類似の、小選挙区比例代表並立制の導入となった。なお、定数百十三のうち、小選挙区が七十三で全国不分区、つまり比例代表が三十四、このほかに山地原住民と平地原住民にそれぞれ三議席、合計六議席が割り当てられている。この小選挙区と比例代表の比率は、日本の衆議院選挙制度とほぼ同じであり、有権者の与野党への支持の変化が、大きな議席配分の変化をもたらす傾向によって、政権交代を促しやすいものとなっている。また、原住民の人口は二％程度であるが、立法院の議席占有率は五％余りで、やや優遇されている。

二〇〇八年一月の立法院選挙、三月の総統選挙ではいずれも国民党が制して、馬英九政権が実現したが、次の二〇一二年の立法委員選挙でも国民党が勝利を収め、国民党主導の立法院が二〇一六年まで継続した。しかし、二〇一六年一月の選挙で民進党が六十八議席を獲得して過半数を制し、民進党主導の立法院となった。

第三節　行政府の改革

一、総統の権限拡大

五権分立制の規定では、総統府の下に行政院、立法院、司法院、考試院、監察院の五院が設けられている。しかし、職権からみると、総統府、行政院、考試院、監察院はともに三権分立制の行政府に属するものと考えられる。行政機構の系統では、総統府が最上で、同格の行政院、考試院と監察院はその下にある。地方の行政機構はすべて行政院の管轄下にあり、省と直轄市（同格）、県と省轄市（同格）、県轄市、区、鎮、郷（同格）、里と村（同格）という順になっている。省は台湾省と福建省の二省があるが、福建省は金門県（金門島）と連江県（馬祖島）の二県を管轄するだけで、その存在は付属的なものに等しい。なお、台湾省政府は一九九七年の憲法修正により、その組織と業務が簡素化され、現在は名義的な省政府に過ぎない。

総統と総統府については、一九四七年の憲法の規定によると、総統は、国家の元首として外に対して中華民国を代表し、次の職権を行使する。（1）全国の陸海空三軍を統率する、（2）法律を公布し命令を発布する、（3）条約締結および宣戦・講和の権限を行使する、（4）戒厳令の実施と解除を宣布する、（5）大赦・特赦・減刑および復権の権限を行使する、（6）行政院長・司法院長・考試院長・監察院長および陸海空三軍の総司令などの文武官員を任免する（行政院長の任命は立法院の同意が必要、司法院長・考試院長・監察院長の任命は国民大会の同意が必要）、（7）災害その他の緊急事態の布告を発する、（8）法の規定によって国民大会を召集する。

しかし、憲法は総統を国家の元首（第三十五条）と規定しながら、その一方、行政院を国家の最高行政機構としている（第五十三条）。つまり、行政の首長は総統でなく、行政院長（首相に相当）である。また、上記の職権のうち五院院長と三軍総司令の任命権および三軍統帥権の二項目以外はほとんど形式的なものである。なお、総統が法律を公布または命令を発する場合、行政院長または関係各部会首長の副署を必要とされている（憲法第三十七条）。したがって、総統の実質的権限は限定的なものであった。

しかしながら、憲法修正が行われる一九九一年以前の権威主義時代、すなわち蒋介石と蒋経国の両政権時代において、総統は極めて大きな権限を掌握していた。それには人為的な要素もあるが、主な原因は、国民党が長期にわたって政権を独占し、総統が同時に政権与党たる国民党の総裁または主席でもあったことにある。しかし、二〇〇〇年の憲法修正により、総統の実質的権限は強化された。例えば、総統の最も重要な権限である行政院長の任命は元来立法院の同意が必要であったが、現行の憲法では立法院の同意権が削除され、さらに総統に立法府の解散権を与えている。

総統の執務庁は総統府というが、主な組織は次のとおりである。（1）資政（最高顧問）三〇名以内（有給職、無給職各一五名以内）、（2）秘書長一名・副秘書長二名（秘書長は総統府の事務を総括し、副秘書長がこれを補佐する）、秘書一二～一八人、参議若干名などが置かれている。（3）直属機構としては、三局（第一局、第二局、第三局）、四室（機要室、侍衛室、人事室、公共事務室）、一処（会計処）のほかに、国家安全会議（米国の国家安全保障会議に相当）、

国家統一委員会（委員二五〜三一名）、国策顧問委員会（国策顧問九〇名以内、うち有給職三〇名以内、無給職六〇名以内）、戦略顧問委員会（戦略顧問一五名、全員大将）、中央研究院、国史館などがある。

総統・副総統の選挙は、初代から第八代の総統までは国民大会によって選出され、それ以降は、直接民選によって選出された。一九四七年憲法実施以来、計七人十四代の総統が選出された。初代総統は蒋介石で、彼は一九四八年南京で選ばれ、一九七四年四月に逝去するまで計五期二十七年間総統の座を独占していた。蒋介石総統の後任に厳家淦副総統が昇格したが、一九七八年の第一期第六回の国民大会で蒋経国が総統に選ばれた。一九八四年、蒋経国総統は再選したが、任期中の一九八八年一月に逝去し、後任に李登輝副総統が昇格した。李登輝総統は一九九〇年の第一期第八回の国民大会で再選し、任期は一九九六年五月までであった。

しかし、一九九二年五月二十八日公布の憲法増修条文第十二条の規定により、総統・副総統の選挙は、一九九六年の第九代総統から「中華民国自由地区の全国民」によって選出することに改められた。また、総統・副総統の任期は六年から四年に短縮され、再選は一期に限ると改定された。そして一九九四年七月二十九日の第二期国民大会第四回臨時大会で有権者による直接選挙を実施することが採択された。

この規定に基づき、一九九六年三月二十三日に正副総統の直接選挙が行なわれた。立候補者は、国民党公認の李登輝・連戦、民進党公認の彭明敏・謝長廷、新党支持の林洋港・郝柏村、無所属の陳履安・王清峰の正副総統候補四組であった。投票の結果、李登輝・連戦組が他の三組を圧倒して当選を決めた。同年五月二十日、李登輝と連戦は中華民国第九代正副総統に就任した。二〇〇〇年三月の第十代正副総統選挙では民進党の陳水扁・呂秀蓮組が国民党の連戦・蕭萬長組と親民党の無所属で立候補した宋楚瑜・張昭雄組を破って当選し、平和的に政権交代を実現させた。第十一代の正副総統選挙は二〇〇四年三月二十日に行われ、陳水扁・呂秀蓮組は僅差で連戦（国民党）・宋楚諭（親民党）組を破って再選を果たした。

その後、二〇〇八年には、国民党の馬英九・蕭萬長の正副総統候補が、民進党の謝長廷・蘇貞昌候補を破って当選、続く二〇一二年総統選挙でも、馬英九・呉敦義の国民党候補が、蔡英文・蘇嘉全の民進党候補を破って再選された。なお、二〇一二年には、二大政党の他に親民党から、宋楚瑜・林瑞雄候補が参戦したが、わずか二・八％未満の得票に終わり、事実上の二大政党選挙となった。

さらに、二〇一六年の総統選挙では、二度目の立候補となった民進党の蔡英文が、陳建仁を副総統候補として、国民党の朱立倫・王如玄候補を破って、平和裡に再度の政権交代を実現した。ここに、台湾における民主主義が安定して、民意による政権交代が定着したものといえよう。なお、第十四大総統を選出したこの選挙には、前回に続いて親民党の宋楚瑜が徐欣瑩を副総統候補として挑んだ結果、十二％を超える得票で存在感を示した。

さて、正副総統の罷免については、一九九七年七月二十一日公布の憲法増修条文第二条では「正副総統の罷免案は、国民大会代表総数の四分の一の提案を経、三分の二の同意によって提出することができ、中華民国自由地区選挙民の過半数による投票を経て、有効投票総数の過半数が罷免に同意した場合に通過する」とされていたが、二〇〇〇年四月二十四日の憲法増修条文では「正副総統の罷免案は、全立法委員の四分の一の提議を経、三分の二の同意によって提出することができ、中華民国自由地区選挙民の過半数の投票を経て、有効投票数の過半数が罷免に同意した場合にのみ通過する」と改定された。つまり、正副総統の罷免提案権は国民大会から立法院に移され、決定は国民投票に委ねられることになった。

二、行政院の職権

憲法の規定では、内閣に相当する行政院は国家の最高行政機構となっている（第五十三条）が、行政院の上には総統府があるので、国家の元首は総統であって、行政院長ではない。陸海空軍の統率権および立法院に対する解散権は総統にあり、行政院長の任命も総統によって行われるので、行政院長の権限は、日本の内閣総理に比べてはるかに小さいものである。そのために、ここ数年来、行政府を総統制にするか、あるいは内閣制にするかの問題をめぐって、政界や学会の間でつねに激しい論戦が行われている。

行政院の長官は院長（首相）で、その下に院長を補佐する副院長（副首相）が設けられている。院長・副院長の下に各種部会が設置されている。主なものは次のとおりである。（1）内政・外交・国防・財政・教育・法務・経済・交通の八部（部は日本の省に相当）、（2）僑務委員会・蒙（モンゴル）蔵（チベット）委員会、（3）中央銀行、（4）主計処（財務省主計局に相当）、（5）新聞局（二〇一二年五月、省庁再編により廃止、業務は外交部・文化部などに分割された）・人事行政処（人事院に相当）、（6）衛生署、環境保護署、（7）経済建設委員会、大陸委員会、農業委員会、文化建設委員会、労工委員会、国軍退除役官兵輔導委員会、青年輔導委員会、国家科学委員会、原子能委員会、研究発展考核委員会、中央選挙委員会、故宮博物院管理委員会などの特殊委員会。

行政院の各部会首長は、全員政務委員（国務大臣）であるが、政務委員には不管部会政務委員（無任所国務大臣）が若干人（五から七人）設けられている。一九四七年の憲法の規定によれば、行政院長は総統が指名し、立法院の同意を経てこれを任命し（第五十五条）、副院長・各部会首長および不管部会政務委員は院長が指名し、総統がこれを任命し（第五十六条）、行政院は立法院に対して責任を負う（第五十七条）ことになっている。しかし、総統の行政院長の任命に関する規定は、二〇〇〇年四月二十五日公布の憲法増修条文第3条によって修正され、立法院の同意が不必要となっている。

ただし、立法院は立法委員総数の三分の一以上の連署を得て行政院長に対する不信任案を提出することかできる。不信任案が立法委員総数の二分の一以上の賛成を得た場合、行政院長は十日以内に辞表を提出しなければならないが、同時に総統に立法院の解散を申請することができる。不信任案が通過しなかった場合、一年以内に同一行政院長に対して不信任案を再提出することはできない。この修正により、総統の行政院長任命は立法院の同意を必要としなくなったが、その代わりに、立法院は行政院長に対して不信任案を提出することができるようになったのである。

行政院には行政院会議（閣僚会議）が設けられている。これは行政院の政策決定機関で、そのメンバーは、院長・副院長、各部会首長および不管部会政務委員によって構成されるが、慣例として台湾省主席（省長）、台北・高雄等行政院直轄市の市長も列席することになっている。行政院会議は重要政策の決定、人事の任免、その他の重要事項を決定する。会議を開くには各部会首長および政務委員の過半数の出席を必要とし、決議は出席人員の過半数の同意が必要となっている。

行政院の主な職権は次の諸項目が挙げられる。（1）副署権：総統が法律を公布または命令を発する場合、行政院全般の政策に関するものは行政院長の副署を必要とし、各部会に関するものは関係各部会首長の副署を必要とする（憲法第三十七条）。（２）法律提案権：行政院は立法院に対して法律・予算・戒厳・大赦・宣戦・講和・条約などの案およびその他重要事項を提出する（第五十八条）。（３）再審議要請権：行政院は立法院の決議した重要政策および法律・予算・条約の各案に対して異議がある場合は、総統の許可を得てこれを立法院に移して再審議させることができる（第五十七条）。（４）行政機構の指揮権：行政院は国家最高の行政機構であり、所属の中央および地方の行政機構を指揮、監督する。

三、考試院の職権

一九二八年一〇月八日、国民政府は、孫文の唱える五権分立の原則に基づき「中華民国政府組織法」を公布し、考試院を公務員の登用試験と資格審査を司る国家の最高考試機構とした。そして一九四七年憲法実施後、改めて「考試院組織法」を公布し、翌年七月十日に考試院が正式に成立した。

考試院の職権・人事・組織などについては憲法に規定されているが、一九九七年七月二十一日公布の憲法増修条文第六条の規定によれば、考試院は国家の最高考試機構として次の事項を掌る。（１）公務員の考試（任用試験）、（２）公務員の銓叙（資格審査）・保障・救恤・

退職、（3）公務員の任免・評定・俸給・昇進・褒賞の法制事項。

考試院には院長・副院長各一人、考試院委員若干名が設けられているが、いずれも総統が指名し、立法院の同意を経て任命される。考試委員の資格は、次の諸条件のいずれか一つを有しなければならない。（1）考試委員の経験者、（2）典試（試験監督）委員長の経験者、（3）大学教授十年以上、（4）高等文官合格二十年以上、（5）学識豊富で特殊の著作あるいは発明がある者など。院長・副院長・考試委員の任期はともに三年となっている。

考試院の主な組織は考試院会議・考選部と銓叙部である。考試院会議は院長・副院長と考試委員によって構成され、考試に関する事項を取り決める。考選部は公務員・専門職・技術者の試験に関する事項などを司る。銓叙部は、公務員の銓叙・任免・評定・昇進・俸給・退職などを主管する。

四、監察院の職権

一九四七年の憲法の規定では監察院は、国家の最高監察機構として公務員の違法行為の弾劾、摘発および会計検査権を行使する。しかし、既述のとおり、大法官会議は監察院を中央民意機構のひとつとして位置づけていた。監察委員は各省・市議会、蒙古・チベット地方議会および華僑団体より選出され（第九十一条）、任期は六年（第九十三条）で、院長・副院長は監察委員から選出される（第九十二条）ことになっている。

第一期の監察委員は一九四八年三月、監察委員選挙罷免法によって二三三人が選出されたが、その後、国民政府が台湾に移転したため、国民代表や立法委員と同様、改選が不可能となったので、一九六九年から一九八七年まで四回にわたって欠員補充の増補選挙が行なわれた。その後、台湾の政治の民主化につれて、古参の監察委員も国民代表や立法委員と同じように批判の的となって退職に追い込まれた。

現行の監察院の組織や職権は、二〇〇〇年四月二十五日公布の憲法増修条文第七条によるもので、その内容は次のとおりである。（1）監察院は国家の最高監察機構として、弾劾、摘発および会計検査権を行使する。（2）監察委員の定数は二十九名、うち一名を院長、一名を副院長とし、任期は六年である。（3）監察委員は総統が指名し、立法院の同意を経て任命される。（4）監察院は中央・地方公務員および司法院・考試院人員の弾劾案において、監察委員二名以上の提議、九名以上の審査および決定を経て提出することができる。（5）監察委員は党派を超越するほか、法律によって独立した職権を行使する。

五、地方自治体

終戦当時、台湾の地方行政区は、五州（台北、新竹、台中、台南、高雄）三庁（花蓮港、台東、

澎湖）と十一の州管轄市があった。しかし、戦後地方行政区の再編が行われ、台湾省の管轄下に十六県（台北、宜蘭、桃園、新竹、苗栗、台中、彰化、南投、雲林、嘉義、台南、高雄、屏東、花蓮港、台東、澎湖）と五省轄市（基隆、台北、台中、台南、高雄）が設けられた。その後、国民政府が台湾に移転してきたため、中央政府所在地となった台北市は一九六七年七月に行政院直轄市となった。つづいて、高雄市も一九七九年七月、行政院直轄市に昇格した。

台湾省、台北市と高雄市は同格であるが、台湾省政府は一九九七年の憲法修正により、その組織と業務が簡素化され、現在は名義上の省政府に過ぎない。しかし、台湾省以下の地方行政区は省轄市、県轄市、鎮・郷・区、里・村、隣などの組織はそのまま維持されている。県轄の鎮・郷は日本統治時期の街・庄に相当するもので、市轄の区と同格になっている。最下級の行政区は里と村であるが、里は鎮と区の下にあり、村は郷の下にある。隣は一〇戸前後からなる末端組織である。

一九九四年から台北市と高雄市の中央直轄市の市長が直接民選となったが、その後、二〇一〇年に台北市を取り囲むドーナツ型の行政区であった台北県が新北市となって中央直轄市に昇格し、台中市と台中県が合併して、同じく台南市と台南県が合併して、それぞれ新たな台中市、台南市となるとともに中央直轄市に昇格、さらに高雄市は周囲の高雄県と合併して、拡大された中央直轄市としての新たな高雄市となった。こうして五つの中央直轄市が生まれるとともに、この年十一月に、五大都市の市長、市議会議員選挙が実施された。さらに次の任期となる二〇一四年には、新たに桃園市も中央直轄市に昇格した。こうして六大都市体制となったが、これらの総人口は台湾全土の人口の七割に達する。六大都市の一つ一つは、十分な人口と産業、予算を持っているので、それぞれ中央に対して相対的に自立性のある地方行政の執行が期待されている。

なお、福建省の金門県と連江県（馬祖）は、一九四八年八月国民政府軍が進駐した後、中共軍の侵攻を防ぐため、戦地政務が実施されたが、一九九二年十一月、「臨時条款」の破棄に伴って戦地政務が廃止され、管轄権が福建省政府に移された。福建の別称は「閩」であることから、現在中華民国の支配下にある領域は、通常「台閩地区」（台湾地区と福建地区）と呼ばれている。

以上の各級地方自治体にはそれぞれ異なった階級の民意機構が設けられている。例えば省議会（現在は省諮議会）、直轄市議会、県議会、市議会、鎮民代表会、郷民代表会、区民代表会、里民代表会、村民代表会などである。議員と代表はすべて住民の投票によって選ばれる。

第四節　政党

一九四九年から一九八七年までの三十八年間、国民政府が台湾地区に戒厳令を敷いていたため、憲法に保障されている結社の自由が奪われ、新しい政党の結成は不可能となった。したがって、戒厳令が解除される一九八七年まで、台湾の政党は大陸から渡台した与党の国民党と野党の民社党と青年党の三党だけであった。これら外来の三政党は、与党と野党という関係にあるが、民社党と青年党はともに数人の国会議員しか擁していないミニ政党なので、国民党の資金援助を受け、国民党の言いなりになって御用政党となっていた。戒厳令の時期、国民党は事実上一党独裁の政治を行っていたが、民社党と青年党の存在をうまく利用して、複数政党による民主政治を装うことができた。それゆえ、当時民社党と青年党は「トイレの花瓶」という蔑称を付けられた。

しかし、戒厳令が敷かれているにも拘らず、一九五〇年代後半から国民党の一党独裁に反対する動きが現われた。最初に起ちあがったのは外省人の雷震（元政治協商会議秘書長、行政院政務委員、総統府顧問）である。彼は本省人と外省人の政治家を糾合して反対党（仮称「中国民主党」）の結成を計画していたが、党成立大会の前夜に摘発され、雷震は一九六〇年九月に共産党分子隠匿という無実の罪名をかぶせられて十年の有期徒刑に処せられ、反対党運動は壊滅した。雷震事件後、まもなく文化人や知識人を中心に政治の民主化を要求する声が日増しに高まり、これが政治運動に発展して政党ではないということで「党外」という勢力が形成された。党外勢力に対して国民党政権は容赦なく厳しい弾圧を加え続けていたが、効果がなく、ついに一九八六年には党外勢力が民進党を結成した。

一九八七年七月、蔣経国総統が戒厳令を解除した後、李登輝総統は一九八九年一月に「人民団体法」を公布し、政党や人民団体の自由化を実現した。これをきっかけに、政党が雨後の筍のように乱立し、九十七の政党が存在していた時期もあったほどである。しかし、二〇〇五年一月現在、立法院に議席を擁している政党は、民進党、国民党、親民党、台湾団結聯盟（「台聯」と略称）、新党の五党だけとなった。この五党は、政治主張の違いによって泛緑（緑の陣営）と泛藍（藍の陣営）に分けて抗争している。泛緑は住民自決または台湾独立を主張する民進党と台聯によって構成され、泛藍は現状維持または中国との統一を主張する国民党、親民党と新党の連合である。

その後、二〇一四年三月に、国民党の馬英九政権が進めた、中国とのサービス貿易協定に反対した学生たちが立法院本会議場に侵入し、これを占拠してその見直しを要求した「ひまわり生運動」を発端として、新たな政党として時代力量が誕生し、二〇一六年の立法院選挙で五議席を得るに至っている。その一方、台湾団結聯盟はこの時の選挙で立法院での議席を全て失った。この第九回立法委員選挙では、六十八議席の与党民進党のほか、国民党が三十五議席、親民党が三議席、無党団結連盟が二議席を得ている。

詳細は次に説明する。

一、中国国民党

現在台湾にある中国国民党は、一八九四年十一月二十四日、孫文がハワイのホノルルで創立した興中会に始まり、その後、中国同盟会、国民党、中華革命党という順に次々と改組し、一九一九年から現在の名称となった。名称こそ異なっているものの、一〇〇年を超える党の歴史とその伝統は一貫している。

同党は、興中会の時期に「韃虜（清朝）駆除、中華恢復、合衆政府創立」を革命綱領としていたが、一九〇五年中国同盟会に改組したとき、革命綱領を「韃虜駆除、中華恢復、民国創立、地権平均」の四項目に改めた。この綱領は孫文の三民主義の初歩的表現で、すなわち「韃虜駆除、中華恢復」が民族主義、「民国創立」が民権主義、「地権平均」が民生主義にあたると解釈されている。そして一九一九年中国国民党に改名したとき、孫文の唱える「三民主義」と「五権憲法」の実施が党の綱領として採択された。この綱領は、その後も長期にわたって継承され、現行の党規約第一条に「中国国民党は民主政党であり、三民主義・五権憲法の実現を目標とし、中華民国を自由・民主・均富・統一の民主共和国に建設する使命を担っている」と明記している。

この長い歳月の中で、同党は秘密結社の革命団体から革命的議会政党へ、さらに民主政党へと発展してきた。その過程において、同党は清朝の打倒、中華民国の樹立、北伐と全国の統一、抗日戦争の勝利、台湾の建設等の歴史的な大事業をなしとげた。しかし挫折や失敗に遭って党が壊滅に瀕した時期もしばしばあった。「第二次革命」（袁世凱の討伐）の失敗、国共内戦での敗北などがその例である。

一九四九年十二月に党中央を台北に移した後、大陸にあった各級組織と機構はすべて崩壊し、また戦乱の中で党員が離散し、台湾および海外に脱出した党員の数はまったく把握できない状態であった。そのために、蒋介石総裁は、国民党の再建をはかるため、党の改造を断行した。

党改造完成後、国民党は蒋介石総裁指導の下で、台湾で党の組織を固め、党勢を拡大し、国民党を二百万人以上の党員を擁する大政党に躍進させた。一九七五年四月五日、蒋介石総裁が逝去した後、翌年十一月の「十一全大会」で蒋経国が党主席に推挙されたが、一九八八年一月十三日に逝去した。同年七月、「十三全大会」が開かれ、李登輝が後継者として党主席に選ばれた。李登輝は台湾出身者であり、したがって彼の国民党主席就任は、国民党の現地化、すなわち台湾化を意味するものである。

国民党の性格は、一九八八年七月の「十三全大会」で採択された党規約第一章総綱の第二条に、「本党は革命民主政党である」と明記されていたが、一九九三年八月の「十四全大会」で採択された新党規約の第一章総綱第一条には、「中国国民党は民主政党である」に改められ、「革命」の二文字が削除された。これによって、国民党は革命政党から民主政党に脱皮したのである。したがって、「十四全大会」は、同党にとって重大な歴史的意義を持っており、つまり、国民党が過去の「権威主義」から脱皮し、近代的な民主政党への転換を遂げる大会であった。

このような転換期の進行過程において、新と旧の観念が並立し、その矛盾から路線の対立や権力構造の変化などが生じた。李登輝主席時代に入ってからの、党内における主流派と非主流派の激しい権力闘争および「新国民党連線」の「新党」結成がその現れである。

一九九八年十二月五月の「トリプル選挙」において、馬英九が台北市長のポストを奪回し、立法委員選挙では定員二二五議席のうち、過半数の一二三議席を勝ち取った。これにより、党内における李登輝の指導力は一段と強くなった。しかし、二〇〇〇年三月の総統選挙で、国民党から立候補した連戦・蕭万長組は、民進党候補の陳水扁・呂秀蓮組に敗れて落選し、得票数も国民党を離脱して立候補した宋楚諭・張昭雄組に大差を付けられ、三組のうち最下位となった。この敗北によって半世紀にわたって中華民国の政権を独占してきた国民党は野党に転落したのである。李登輝主席は責任を問われて国民党から追い出された。

李登輝が離党した後、正副総統選挙で落選した連戦が後継者として党主席に選ばれた。そして二〇〇四年三月の正副総統選挙では、連戦が四年前の仇敵であった宋楚諭（現親民党主席）と手を組んで立候補したが、再び敗北を喫した。しかし、二〇〇四年十二月に行われた立法委員選挙では国民党は善戦を見せ、七十九議席（前回二〇〇一年は六十八議席）を獲得して野党第一党の座を確保した。

その後、陳水扁政権に関わる政治腐敗問題などで民進党批判が高まる中、二〇〇八年の総統選挙で国民党の馬英九候補が五八％余りの得票で、民進党候補に百二十万票差で圧勝した。こうして、完全民主化以後二度目の政権交代となった。立法委員選挙でも百十三議席のうち八十一議席で、国民党単独で三分の二を上回る勝利となった。この勢いで、続く二〇一二年の総統選挙でも馬英九が再選され、立法院でも六十四議席の過半数を維持した。

しかし、馬総統が二期八年の任期を満了した二〇一六年総統選挙では、国民党による対中接近策が台湾の中国への吸収統合に道を開くのではないかという国民の不安を反映した「ひまわり学生運動」の高まりなど政権批判の中で、国民党の朱立倫候補は敗北し、立法委員選挙でも大幅に議席を減らして、半数にも届かず、国民党は下野することになった。立法院での主導権を国民党およびそこから派生した政党が完全に失ったのは、これが初めてである。

二、民主進歩党

一九八六年九月二十八日、台湾の反国民党勢力の党外人士によって組織された「党外公職人員公共政策研究会」を母体にして一三五人の発起人が台北の圓山大飯店（グランドホテル台北）で会議を開き、民主進歩党（民進党）の成立宣言を発表した。これは、戦後台湾の政治史上における画期的なイベントである。以下、ここに至るまでの経緯を振り返ってみよう。

戦後の台湾の政治運動は一九四七年の「二・二八事件」に始まるが、その後、国民政府が台湾地区に戒厳令を敷き、並びに「白色恐怖（反共を旗印にしたテロ）」の統治を実施したため、政治運動は一時停滞していた。こうした暗黒の中で、一九四九年十一月、胡適によって『自由中国』という反体制の雑誌（半月刊誌）が創刊された。同誌は雷震が主宰し、国民党の一党独裁を痛烈に批判して新風を巻き起こし、多くの国民の共感を呼んだ。このために、雷震は総統府顧問などの要職から追われることとなった。雷震は、反対党（野党）の必要性を積極的に唱え、本省人の呉三連、高玉樹、郭雨新、郭国基などの政治家と協議して、一九六〇年初頭から「中国民主党」結成の準備を進めていた。しかし、雷震は同年九月四日、共産党分子隠匿という無実の罪をかぶせられて逮捕され、まもなく軍法会議で懲役十年の判決を言い渡された。これによって中国民主党の誕生は流産した。

政治運動は大きな打撃を受けたが、一九六一年から一九六五年にかけて改革を主張する『文星』雑誌が登場し、その刺激を受けて、一九六八年に『大学雑誌』が創刊され、政治革新運動を展開した。中心人物の一人は張俊雄であった。その後、張俊雄らは実際の政治活動に移り、のちの「党外」運動のきっかけをつくった。

一九七五年八月、張俊雄、康寧祥、黄信介らは『台湾政論』誌を創刊した。しかし、発行してからわずか五ヶ月で内容に問題があるという理由で停刊処分を受けた。つづいて、一九七八年十一月に五つの地方選挙が行われ、これら反国民党の人士は「党外」という呼称で立候補し、少なからぬ議席を獲得した。しかし、十一月十九日、すなわち選挙の開票日に「中壢事件」が発生し、多数の「党外」の関係者が逮捕された。

翌一九七八年十二月に中央民意代表の選挙が予定されていた。これに備えて、党外人士は「台湾党外人士助選団」を組織した。しかし、一九七九年一月、アメリカのカーター政権が中国と国交を樹立したため、選挙は中止となった。

一九七九年六月、康寧祥らが『八十年代』誌を、八月には黄信介らが『美麗島』誌を創刊した。この両誌は、いずれも反体制の雑誌で、大きな反響を呼んでいた。しかし、同年十二月十日、美麗島雑誌社が高雄で人権要求の大規模な街頭デモを行った際、警官隊と衝突し、暴動事件に発展した。この「美麗島事件」のため、党外の指導者が多数逮捕され、党外は瓦解に瀕した。なお、この事件で、『八十年代』誌と『美麗島』誌は停刊処分を受けた。

一九八〇年末、二年前に中止された中央民意代表の選挙が改めて実施され、美麗島事件受刑者の近親や弁護士が多数立候補して当選した。そして、一九八三年九月、台北市議会議員謝長廷らが「党外中央後援会」を結成し、一九八四年五月には党外の公職人員の経験者および現職の公職人員によって「党外公職人員公共政策研究会」が組織された。一九八五年十一月の地方公職選挙では、台北市議員の選挙に参選した党外の候補者は全員当選した。これに鑑み、蒋経国総統は、国民党に党外との対話を指示し、「党外公職人員公共政策研究会」に合法的地位を与えることを決定した。

一九八六年九月二十八日、「党外公職人員公共政策研究会」を母体にして一三五人の発起人が台北の圓山大飯店で会議を開き、民主進歩党の成立宣言を発表した。同年十一月十日、同党は台北の環亜大飯店（現在の王朝大酒店）で非公開の形で第一回党大会を開き、党規約・基本綱領・行動綱領を採択し、百五十人の党員代表から中央執行委員三十一人と中央評議員十一人を選出し、また、互選により中央常務委員十一人と中央常務評議員五人を選び、そして中央執行委員会で常務委員の江鵬堅立法委員を初代党主席に推挙した。なお、採択された党の綱領では「台湾の前途は全台湾住民の共同決定に任せるべきである」という「自決原則」が強調されている。党組織は中央、県市（省轄市・院轄市）および郷鎮（市・区）の三級があり、中央党部には党員大会（最高意思決定機関）、執行委員会、評議委員会が設けられている。

一九八六年末の中央民意代表選挙では、立法院で十二議席（改選七十三議席）、国民大会で十一議席（改選八十四議席）を獲得した。また、一九八九年の公職選挙では立法院で二十一議席（改選一〇一議席）、二十一の県・市長では六つのポストを獲得した。一九九二年十二月十九日、第二期立法委員の全面選挙が行なわれ、開票の結果、民進党は五十議席（定数一六一議席）を獲得、三六・〇九％の得票率を記録した。この選挙は、「万年議員」といわれている第一期中央民意代表の全面退職を受けて実施されたものである。なお、一九九四年に実施された三大首長（台湾省省長・台北市長・高雄市長）選挙では、民進党の陳水扁が台北市長に当選した。

一九九六年三月二十三日に実施された正副総統の直接選挙には、彭明敏・謝長廷が民進党の公認として立候補したが、得票率はわずか二一・一三％だけで、李登輝・連戦組の五四％に大差をつけられて落選した。ただし、同日に行なわれた第三期国民大会代表の選挙では、民進党は善戦を見せ、三百三十四議席のうち、九十九議席を獲得した。

一九九七年の二十一の県・市長選挙では、民進党は十四の過半数のポストを獲得したが、一九九八年の「トリプル選挙」では、高雄市長のポストを勝ち取った一方、台北市長のポストは国民党に奪われた。立法委員選では定数二百二十五議席のうち、七十議席を獲得したが、得票率は一九九五年の三三・一七％から二九・五六％に落ちた。

しかし、二〇〇〇年三月の正副総統選挙では、民進党の陳水扁・呂秀蓮組が他の二組を破って当選し、国民党から政権を奪い取り、中華民国史上初めて平和的に政権交替を実現した。さらに二〇〇一年十二月の立法委員選挙では、二百二十五議席のうち八十七議席を獲得して、初めて第一党となった。しかしながら、野党に過半数議席を許したため、陳水扁政権は議会運営で苦しむことになった。

また、続く二〇〇四年三月の正副総統選挙では、民進党の陳水扁・呂秀蓮組は僅差で連戦・宋楚瑜組を破って再選を果たした。しかし、同年十二月の立法委員選挙では、定数二百二十五議席のうち八十九議席に止まり、議会の主導権を得ることができず、民進党・陳水扁総統は思うように政権運営ができないまま八年の任期を終えることになった。

しかも、二〇〇六年以後、陳水扁総統の周囲に政治腐敗疑惑が噴出して、台北市内で激しい政権批判の街頭運動が繰り返され、騒然とした雰囲気の中で二〇〇八年の総統選挙で国民党に大敗を喫することになった。このため、民進党は、単に政権を手放したのではなく、党勢再建のための苦難の道のりを歩むことになった。初めて政権交代を実現させた陳水扁総統は、獄中の人となり、民進党支持者は意気消沈した。それでも二〇一二年には、初の女性総統を目指す蔡英文候補が、終盤で追い上げを見せ、やや回復基調を見せた

何れにしても、世界の工場として経済力を高め、二〇〇八年のリーマンショックを乗り

切った中国に台湾企業は吸い寄せられ、製造業が空洞化して、良好な中台関係に台湾経済は依存する状況となった。国民党・馬英九政権は、こうした経済界の要望に応えて「一つの中国」を承認して、中国との経済連携枠組み協定を締結して、さらに中台関係の緊密化を目指した。これに対して、台湾人の台湾を主張し、「台湾人アイデンティティ」に立脚する民進党は、中台関係を損なう可能性がある政党として、強い支持を集めることが難しかった。そうした局面が変わることになったのが、二〇一四年三月十八日に勃発した、「ひまわり学生運動」の立法院本会議占拠であった。

中台間のサービス貿易協定に署名した馬英九政権の国民党が、立法院での承認を強行しようとすると、これ以上の中台接近は、学生や一般市民の間に台湾が中国に吸収される道を開くという危機感が盛り上がり、学生が立法院周辺に集まって抗議するに至った。その一部が立法院本会議場への侵入に成功し、三週間近くにわたってこれを占拠するに至ったのである。この学生たちを支持する市民の声の高まりを背景に、「ひまわり学生運動」はサービス貿易協定承認の凍結を勝ち得た。これで潮目が変わり、一気に「台湾アイデンティティ」が高まり、その年の十一月の統一地方選挙では、六大都市の市長選挙で国民党が新北市一つしか獲得できず、反国民党勢力が五都市を制圧した。その中心は民進党が担い、台中市、桃園市、台南市と高雄市で勝利を収めた。その勢いのまま、二〇一六年の総統選挙で民進党の蔡英文候補が五六%を獲得し、国民党の朱立倫候補に二百万票の大差をつけて勝利を納めた。

同日に行われた立法委員選挙でも、先述の通り民進党が過半数を得て、議会運営の主導権も確立した。二〇〇〇年から二〇〇八年の民進党政権が、議会運営の主導権を得られず、思うような政策の実現が進められなかったのとは異なり、蔡英文政権では、国民党一党独裁時代に蹂躙された人権の回復を図り、公務員の特権的年金制度を見直すなど、総統選挙で掲げた政策の着実な実施に取り組んでいる。

なお、国民党の馬英九政権が進めた中台接近路線を停止し、台湾と中国がともに「一つの中国」に属すると認める政策を否定し、中台関係の「現状維持」の立場を維持している。また、安全保障上は、対米関係を重視し、米国からの信頼を得ることに腐心するとともに、日台関係の緊密化にも配慮している。さらに、国防国産化を積極的に進めて、強大化する中国の経済、軍事、政治力による台湾統合の圧力に抗して、台湾の独自性を維持し、台湾としての主体性を守ろうというのが、民進党・蔡英文政権の基本路線である。

三、親民党

二〇〇〇年の総統選挙で国民党を離脱して立候補した宋楚瑜は、国民党候補の連戦を上回る得票数を勝ち取ったことに自信をもち、選挙後に新政党の結成を図った。宋楚瑜の指導する「新台湾人服務団体」が協議した結果、同年三月二十二日に政党結成を発表し、劉松藩（前立法院長）が組党小組召集人となり、三月三十一日に立法委員十七人をもって親民党として正式に発足した。党成立大会は党規約と綱領を採択すると同時に、党中央の主要人事を決めた。党主席には宋楚瑜が、副主席には副総統候補であった張昭雄が、秘書長には鍾栄吉（前行政院政務委員）が、副秘書長には秦金生が推薦された。親民党の党名は、蔣経国の主張していた「親民、愛民の精神」という言葉を参考にしたという。

四月七日、十七人の親民党所属立法委員は、親民党立法院党団を結成し、さらに同月十一日には国民党から脱党して親民党に加わった十三人の国民大会代表と新党からの参加者八人によって国民大会の「親民党の党団」が結成された。その後、二〇〇一年の立法委員選挙では四十六議席を獲得したが、二〇〇四年の選挙では十二議席減って三十四議席となった。さらに、立法院の定数が半減し、小選挙区制が導入された二〇〇八年以後には、議席数は三議席ほどと少なくなったが、議会でキャスティングボートを握る立場にある。

また、党首の宋楚瑜が二〇一二年、二〇一六年の総統選挙に立候補することで中央政界での存在感を示している。二〇一二年の総統選挙では供託金没収の惨敗であったが、二〇一六年には一二%を得てアピールした。その後、二〇一六年と二〇一七年のＡＰＥＣ首脳会議には、蔡英文総統の代理として、総統府資政に任じられた宋楚瑜が出席している。

四、台湾団結聯盟

二〇〇〇年三月の総統選挙後、陳水扁総統は連立政権を樹立する意向を示し、既成政党以外の党との連立もありうることを示唆した。この発言に呼応して、李登輝前総統は五月下旬から六月上旬にかけて、国民党内本土派立法委員の葉憲修、陳超明、林源山、陳敬吉、黄輝珍、廖学広、趙永清、陳進丁らと二回に分けて会見し、新しい政治団体の結成を勧めた。六月十六日、国民党への党員再登録を行わず事実上離党した財団法人国策研究院院長の黄主文は、七月中に新政治集団の政策と綱領、参加者名簿を正式に発表すると同時に、内政部に登録した上、選挙では候補者を立てる考えを明らかにした。

七月二十一日、新政党は「台湾団結聯盟」として発足することが発表された。その路線は、中道の主流民意、すなわち性急な独立でも積極的な統一でもなく、台湾の現状維持を望む主流の民意を代表するものであるとしているが、その名称に「台湾」を冠していることからもわかるように、台聯は台湾独立を目標とする政党である。なお、党名に「党」の字を使わなかったのは、台湾を愛する人たちの結集をめざす趣旨から閉鎖的なイメージが付きまといがちな「党」という字がつかない名称に決めたという。

台聯は二〇〇一年の立法院選挙では十三議席を獲得したが、二〇〇四年の同選挙では一議席を失って十二議席となった。泛緑陣営に属し、民進党政権では与党の一端に加わっていた。しかしながら、二〇〇八年立法委員選挙から、従来の中選挙区制に替えて小選挙区制が採用された結果、小政党から二大政党への回帰が進み、泛藍陣営では新党の支持の縮小、泛緑陣営では台聯の支持の縮小となって、二〇一六年に至って立法院での全ての議席を喪失した。

五、時代力量

「時代力量」とは、「時代の力」を意味する。台湾の主体性を主張する若い世代の政治勢力である。先述の「ひまわり学生運動」を契機として、その支援者の一部が、国民党とも民進党とも異なる「第三の勢力」として国政への進出を図って結成した政党である。主席は、この運動を主導した黄国昌で、二〇一六年の立法委員選挙で議席を獲得した。

なお、二〇一六年の総統選挙では、政党独自候補を擁立せず、民進党の蔡英文候補の当選を支援した。また、同日の立法委員選挙には、小選挙区一二人、比例代表六人の候補を擁立し、小選挙区では民進党との選挙協力もあって三人が、比例代表では二人、合計五人を当選させて存在感を示した。小選挙区の当選者には、著名なメタルバンド「ソニック」のメンバー、フレディ・リムとして知られる林昶佐もいる。

基本的には、台湾独立建国派で、その点では民進党以上に急進的である。また、格差解消を主張する人権派でもある。

以上の政党は、両岸関係（台湾と大陸の関係）または「統独問題」（統一か独立か）に対する主張の違いによって泛緑陣営と泛藍陣営とに分かれて対抗してきた。泛緑陣営の民進党は「一辺一国」、すなわち台湾海峡の両側にはそれぞれ別の国がある、つまりは「一中一台」ないし「住民自決」を主張しているが、台聯は台湾独立を堅持している。時代力量は台湾独立建国派である。これに対して、泛藍陣営の国民党、親民党と新党は「一つの中国、二つの対等な政治実体」という原則をとっているが、将来の統一には反対しない姿勢を見せている。

政党の支持基盤は、上述の両岸関係に対する主張と密接な関係がある。民進党と台聯、時代力量は住民自決ないし台湾独立を望む本省人と一部の外省人を支持基盤とし、あるいは中国とは別の台湾が存在するという現状の継続を望む人々が支持しており、国民党、親民党、新党は現状維持または中国との統一を望む外省人と一部の本省人が支持基盤となっている。

以上が台湾の政党地図である。

【参考文献】

竹内実・矢吹晋編『中国情報用語事典・一九九九〜二〇〇〇年版』・楊合義執筆の「台湾を知る基礎用語」、

蒼蒼社。

中村勝範・楊合義・浅野和生共著『日米同盟と台湾』の第三部「台湾と中華民国」、早稲田出版、
二〇〇三年一一月。

浅野和生編著『民進党三十年と蔡英文政権』、展転社、二〇一六年一二月。

台湾研究所編『台湾総覧』二〇〇一年版、通巻第三〇巻、二〇〇一年一二月発行。

若林正丈著『転形期の台湾〜「脱内戦化」政治』、田畑書店、一九八九年。

若林正丈著『台湾〜変容し躊躇するアイデンティティ』、筑摩書房、二〇〇一年。

陳明通著・若林正丈監訳『台湾現代政治と派閥主義』、東洋経済新聞社、一九九八年。謝瑞智著『憲法大辞典』

増訂三版、千華出版、一九九三年四月。

第七章　移民社会の台湾と族群問題

第一節　四大族群（エスニックグループ）

すでに述べたことと重複するが、本章の趣旨を伝えるために、以下にまず四大族群について略述する。

元来台湾の主人公はオーストロネシア系諸族に属する原住民であったが、十七世紀以降漢人の台湾移住により、原住民は少数民族に転じた。現在台湾の人口二千三百余万のうち、漢人は九八％を占め、原住民は二％弱にすぎない。

一般的に台湾の住民を「本省人」と「外省人」の二大系統に分けている。その区分は、第二次世界大戦終結の一九四五年を境に、それ以前から台湾に定住している旧移民系統に属する人々を「本省人」とし、これに対して戦後渡台した新移民系統に属する人々を「外省人」としている。本省人は、すなわち旧移民系統の原住民、閩南人と客家人に対する概称で、「台湾人」とも呼ばれる。全人口比では、原住民は約二％、閩南人は約七〇％、客家人は約一五％、外省人は約一三％と推定される。今日台湾の人口はこの四大「族群」によって構成されている。詳細は次に述べよう。

一、原住民

台湾の原住民の呼称は時代によって異なる。古代から清代まで、台湾の原住民は「化外」の野蛮人と見られて「夷」や「蕃（番）」と呼ばれていたが、日本の統治時代では「高砂族」と名づけられ、戦後は「山地同胞」に改称され、そして現在は「原住民」の呼称に統一されている。

台湾の原住民の祖先は東南アジアおよび西南太平洋の島々から北上し、台湾に上陸して定着したものである。十七世紀以降、台湾に入植してきた漢人は、原住民が自分たちに同化されているか否かによって、「熟蕃」（同化されたもの）と「生蕃」（同化されていないもの）とに分ける一方、居留地域によって「平埔蕃」（平地に住むもの）と「高山蕃」（山地に住むもの）とに区別して呼んできた（注1）。

熟蕃（平埔蕃）は西部平地に住み、長い間漢人と群居し、雑婚をかさねていくうちに、ほとんど漢人と変わらない生活をし、漢人との区別はできないくらいになっている。人口は約五万人とされているが、居住区がまちまちであるため、ほとんどその跡形が残されていない。

文献によると、次の諸族が存在していた。ケタガラン（Ketagalan、凱達格蘭族）、クヴァラン（Kavalan、噶瑪蘭族）、タオカス（Taokas、道卡斯族）、パゼヘ（Pazeh、巴則海族）、パポラ（Papora、巴布拉族）、バブザ（Babuza、巴布薩族）、ホアニア（Hoanya、洪雅族）、シラヤ（Siraiya、西拉雅族）、マカタオ（Makatao、馬卡道族）などである（注3）。

熟蕃と異なって、中央山岳地帯、東部海岸および小島嶼に居住し、生蕃（高山蕃）と呼ばれていた原住民は約三十万人と推定される。各種族は体質、容貌、骨格、言語、風俗習慣、生活方式などにおいて、それぞれ特徴があり、民族学的にはっきりとした相異があり、九種族に分類されてきた。すなわち、ヤミ（Yami、雅美族）、アミ（Ami、阿美族）、ピナンまたはピューマ（Puyuma、卑南族）、パイワン（Paiwan、排湾族）、ルカイ（Rukai、魯凱族）、ツウオ（Tsou、鄒族または曹族）、ブヌム（Bunun、布農族）、サイセット（Saisiyat、賽夏族）、アタイアル（Atayal、泰雅族）サウ（Sao、邵族）、などである（注2）。

二、閩南人

漢族系の本省人は、その原籍と母語によって閩南人と客家人の二系統に分けられる。この二系統の住民は、元来いずれも黄河流域の中原地帯に住んでいた漢民族であるが、南遷後、閩南系は福建の南部一帯（閩江の南）に定住し、客家系は広東、福建、江西、四川、広西に分布している。閩南人は客家人より早く渡台し、人口も客家人よりはるかに多く、両者の人口比は約六対一になっている。

閩南人は、閩南語を母語とする人々であるが、台湾では閩南語を福佬（河洛）語とも言い、同語を話す人々を福佬人とも呼んでいる。したがって、台湾において閩南人と福佬人、閩南語と福佬語は同義語である。しかし、東南アジア、とりわけシンガポールまたはフィリピンの華人社会では、閩南語を厦門語と言っている。なお、閩南語群の中には潮州語の流れもある（注3）。また、福州語を母語とする人々は福州人と呼ばれる。

閩南人の原籍は、福建省南部の泉州、漳州、汀州、龍岩、興化、永春などが中心で、そのうち泉州系と漳州系が圧倒的多数を占める。泉州人は同安、三邑（晋江、南安、恵安）、安渓の諸系統があり、漳州人より先に渡台し、人数も漳州人を上回っている（注4）。

三、客家人

台湾客家の原籍は、広東省にとどまらず、福建省もまたその重要なルーツである。とくに福建省の汀州府からの客家は少なくない。台湾の客家語群には「四県」（旧嘉応州に属する興寧、五華、平遠、蕉嶺）、「海陸」（旧恵州府の海豊と陸豊）、「饒平」（旧潮州府の饒平）の三系統がある。

客家人が閩南人より遅れて台湾に移住したことから客家と呼ばれているとする俗説があるが、これについて、戴国煇氏は「正しくない」と否定している。なぜなら、「客家という自他称は、大陸はいわずもがな、世界各地の華人社会でも慣用していて、台湾に限定された用語法ではないからである」と説明している（注5）。

四、外省人

外省人は戦後大陸の各地から台湾に渡り、その移住は二期に分けて行なわれた。第一期の入台者は終戦直後、国民政府派遣の台湾接収要員とその関係者であり、第二期は一九四九年前後、国民政府に追随して渡台したものである。第一期の入台者数は数万人程度であったが、第二期は約一五〇万人と推定される。

閩南人と客家人の原籍は福建省または広東省に集中しているのに対して、外省人の出身地はそれと違って大陸全土に及び、黒龍江、新疆、内蒙古、チベットなど辺境地方の出身者も少なくない。したがって、外省人の構成は、絶対多数の漢人のほか、モンゴル族、チベット族、ウイグル族、満州族などの少数民族も含まれており、それぞれ異なる方言を使っている。

渡台した外省人の階級構成は極めて複雑であった。徐宗懋はその『台湾人論』の中で、「上は最高権威を持つ政府の首長、将軍及びその家族、下は目に一丁字もない兵士や流浪の民に至るまで含まれていた。台湾にきてから多くの国民党軍の家族は「眷族村」に集まって住むようになり、同族的特色を強く持つ地区をつくって行った」（注6）と指摘している。

第二節　移民社会と族群矛盾

台湾は、上述の諸系統の移民によって構成された移民社会である。移民社会には新参移民と古参移民との対立がある。同ルーツの移民または同時期の移民は、一つの族群に結束して他の族群との対立に備える。

徐宗懋は、族群対立について二つの原因を挙げている。すなわち、一つは各集団間の政治、経済、文化資源の分配が不合理であることが激しい衝突を招いたこと、もう一つは各集団の政治的思想的枠組みが不足なため、同族意識に頼って政治活動の精神的根源とするしかなかったことである（注7）。

開拓時代における「民蕃紛争」（漢人と原住民の紛争）と「分類械闘」（出身地別に類を分かち、械＝武器をとって闘う）は主として経済的要素によるものであり、これに対して戦後の「族群矛盾」は政治的対立が主因であった。まず「民蕃紛争」について述べよう。

一、民蕃紛争

清朝時代、台湾の政府役人は漢人を民、原住民を蕃（番）と呼んで区別し、そして両者の紛争を民蕃紛争と名づけていた。原住民は、元来海岸ぞいの平原地帯に分散して居住し、原始的な農耕や狩猟に頼って平和な生活を営んでいた。ところが、十七世紀に入って、大陸から台湾に移住してきた漢人は、平地から山地へと開拓を進め、その過程において原住民の生活圏に侵入し、様々な手段を用いて原住民の土地を奪い取った。

伊能嘉矩の『台湾文化誌』によると、漢人の「番地（原住民の土地）侵佔」は二つの手段が使われていた。一つは暴力的な手段で、「公然威力を用ひて番人を壓迫し、其家を毀り其族を殲し、終に之を他境に駆逐して故地を略奪する」。もう一つは平和的な手段で、「術策を以て番人と交渉を試み、時には正當なる經路に依るの外、或は不正の権謀を弄して其土地を取得する」（注8）。

民蕃紛争は、漢人の土地開拓の進展にともなって絶えず発生し、劣勢に立つ原住民は次第に中央部の山岳地帯へと退いていった。山の奥に引き籠もった原住民は、孤立して異質文化との接触がほとんどなく、原始生活を続けていたので、「生蕃」と呼ばれた。清朝政府は「生蕃」を保護するため、いわゆる「理蕃政策」を実施し、民蕃境界を画定して漢人の「蕃界」への進入を禁止するに至った。この理蕃政策は雍正時代から清末まで続けられていた。

二、「分類械闘」

明清時代における台湾の開拓は閩南人と客家人によって行われたが、開拓の主導権を握っていたのは先に渡台した閩南人であった。閩南人は西部の肥沃な平野を海岸ぞいに開拓を進め、後からきた客家人は、主として中央山脈と西部平野の間に挟まれた痩地や丘陵地を切り開いた。

開拓の初期において、移民が少なく、未開墾の土地も随所にあったので、古参者は新参者を歓迎していた。しかし、康熙中期以降、移民の増加につれて耕地の獲得が次第に難しくなり、また開拓の進展にともなって生活や潅漑の用水を確保しなければならないので、移民の間に土地や用水をめぐる対立が頻発し、ときには集団的な武力衝突を演じるまでに発展していった。俗にいう「分類械闘」は、このようにして引き起こされたのである。

分類械闘は、まず閩南系移民と客家系移民との間に起こり、人数的に劣勢であった客家系は固く団結して閩南系に対抗した。移民間の「械闘」は閩南系対客家系に限らず、同じ閩南系の泉州移民と漳州移民の間にもあり、さらに異なった宗族(氏族)の間にも少なくなかった。なお、清朝時代に発生した大変乱、例えば「朱一貴の乱」や「林爽文の乱」などは、ほとんど分類械闘と関係していた(注9)。

陳紹馨纂修『台湾省通史稿』の人民志・人口篇によると、康熙三十五年(一六九六年)から光緒十四年(一八八八年)までの間に、民変(人民反乱)四十二回、械闘二十八回、合計七十回の動乱が発生した。つまり、平均三年に一回という割合で動乱が起こっていたということである。こうした背景の下で、清朝時代の台湾に「三年一小変、五年一大変」という諺が流行っていた(注10)。

三、族群矛盾

戦後における族群矛盾、すなわち本省人と外省人との対立は、主として政治的要素によるものである。対立は一九四七年二月二十八日に発生したいわゆる「二・二八事件」に始まる。事件の詳細については、すでに前章に述べており、ここでは贅言を避けたい。

この事件は、陳儀の率いる官吏や軍人の腐敗汚職および征服者としての振る舞いに対する台湾同胞からの不満が爆発したものであるが、国民政府は、これを「暴動」や「反乱」ときめつけ、大陸から官憲や軍隊を増派して武力鎮圧を断行した。

その結果、政治家、医師、弁護士、教師、文化人、ジャーナリトなど台湾の知識分子やエリートが次々と処刑された。犠牲になった人数は、数千人とも数万人ともいわれ、いまだ明らかになっていない。事件後にも「反乱分子」の摘発が続けられ、まさに「白色恐怖」の時代であった。

「二・二八事件」の代償は余りにも大きかった。この事件によってもたらされた最大の後遺症は、何と言っても本省人と外省人の間に深い溝が刻まれたことである。今日、台湾に存在している「省籍矛盾」は個人対個人の関係ではほとんど感じないが、しかし政治団体の間にはなお根強く残っている。とくに選挙期間中、政治家は支持基盤を固めるため、つねに省籍矛盾を煽って外省人と本省人の対立を加熱させる。まことに残念なことである。

一九八七年戒厳令解除後、国民政府は全民融和の障害となっている「二・二八事件」の後遺症を排除するため、暗い過去を清算しようと動き出した。一九九〇年の「二・二八記念日」に立法院で初めて犠牲者に黙祷を捧げた。また、同年十一月には行政院は「二・二八事件専門小委員会」と「二・二八研究小委員会」を発足させ、学者を招いて調査を行い、研究報告をまとめて事件の真相を国民に公表した。

一九九五年二月二十八日、総統府前の「台北新公園」に犠牲者を悼む「二二八事件記念碑」が立てられ、除幕式に参列した李登輝総統は、「私は国家元首として、政府の犯した誤りを認めるとともに、心より深く謝罪の意を表します」と挨拶した。この記念碑は、歴史の誤りを再び繰り返さない警鐘であり、また悲しみの歴史に別れを告げる象徴でもある。

一九九六年二月二十八日に「二・二八事件」の慰霊式典が台湾各地で催された。「台北新公園」は、この日から「二二八平和公園」と改称された。陳水扁台北市長は、慰霊式典で、「二・二八事件は人びとにとって忘れられない歴史的悲劇である。公園名の改称には二度と悲劇を繰り返さない願いを込めている」と述べた。

なお、被害者に対する補償問題を処理する機構として、財団法人「二二八事件記念基金会」が発足し、被害補償が実施された。

四、族群矛盾と政治勢力

（一）政治の民主化と権力の再分配

一九八七年、中華民国政府は戒厳令解除と「大陸探親（大陸への里帰り）」を解禁した。戒厳令の解除は台湾をより民主、より自由、より繁栄、より進歩の社会へ前進させるものであり、また、大陸への里帰りの解禁は両岸関係の緊張緩和に役立つものである。したがって、この新しい時代の到来を迎えて、政府も国民も無限の自信が溢れ出た。しかしながら、一連の政治改革に伴って新しい問題が次々と派生している。

まず一つは政治の民主化による権力の再分配である。すでに述べたが、国民政府は中国を代表する唯一の「正統政府」としての立場を維持するため、中国全土に適用する「中華民国憲法」をそのまま台湾で実施してきた。そのために不合理が不合理を生み、ついに行き詰まってしまった。

これに鑑み、蔣経国の後を継いだ李登輝総統は、政治改革の根本として憲法の修正に手をつけた。その結果、中央民意代表（国民代表・立法委員・監察委員）の全面改選と三大首長（台湾省長、台北・高雄市長）の選挙が行なわれ、正副総統も直接選挙で選ぶことになった。この改革は国民政府の現地化、すなわち台湾化を意味するものである。

政治の民主化によって権力の再分配が行なわれ、本省人は数の面で外省人を上回るようになった。王作栄元監察院長（湖北省出身）は、かつて次のように語ったことがある。

「中央政府が台湾に移るまで、文武高官や実権を掌握していた人間はほとんど外省人だった。政府についていえば、これは全国的な中央政府であり、当然ながら、大多数の高級官僚は全国各省の出身者で占められていた。戦後の台湾では、外省人が完全に本省人を統治するという状況が四十年以上も続いた。……現在では、本省人が総統を務め、本省人が政局を主導して外省人とともに台湾統治に采配を振るっている」（注11）。

しかし、改革の推進過程において、新と旧の観念が対立し、その矛盾から権力闘争が絶えず展開されている。国民党内における主流派と非主流派の対立がそれを物語っている。

族群問題は、両岸関係または「統独問題」（統一か独立か）と絡んで複雑になっている。北京政府は「一国両制」を台湾の祖国復帰の基本方針としている。これに対して、台湾側は政党によって主張が異なる。前述の通り、政府与党の民進党は「一辺一国」、すなわち「一中一台」ないし「住民自決」を主張している。泛藍陣営の国民党、親民党、新党などは、「一つの中国、二つの対等な政治実体」という原則をとっているが、将来の統一には反対しない姿勢を見せている。台聯は台湾独立を堅持している。

台湾の三大政党の支持基盤を大別して見ると、民進党と台聯、時代力量は民族自決ないし台湾独立を望む本省人と一部の外省人を支持基盤とし、国民党、親民党、新党は現状維持または中国との統一を望む外省人と一部の本省人がその支持基盤となっている。

五、「新台湾人」の登場

一九九八年十二月五日、台湾で立法委員（衆議院議員相当）、台北・高雄両直轄市の市長、市会議員を選ぶ「トリプル選挙」が行なわれた。選挙戦終盤の十二月一日、台北市長候補・馬英九陣営が士林陽明山高中で主催した「団結勝利の夜」の集会で、李登輝総統は国民党主席として応援に駆け付け、舞台に上がって馬英九と閩南語で問答した。

李「君はどこの人かね。」

馬「総統に報告します。私は台湾人です。台湾の米を食べ、台湾の水を飲んで大きくなった新台湾人です。正真正銘の萬華育ちの子供ですよ！」

李「よろしい。台湾に先に来ようが、後で来ようが、みな新台湾人だ。だが、行く道が大切だ。君はどの道を行くか。」

馬「総統に報告します。私は今後、李総統の民主改革の大道を行きます。台湾第一、台北第一で運営し、台北市民と共に切り開いた道を歩みます。」

李総統の質問に対して、馬英九候補はたどたどしい閩南語で健気に答えた（注12）。数万人の群衆を前にした二人のやりとりは、テレビで生中継され、内外の注目を浴びた。つづいて、李総統は、「五百年前だろうが、五十年前だろうが、台湾に渡ってきた人はみな新台湾人だ」と説いて、外省人二世の馬英九への支持を訴えるとともに、全国民に省籍の融和を呼びかけた。

この新台湾人のスローガンは功を奏し、投票の結果、国民党は立法委員選挙で定数二二五議席のうち、過半数の一二三議席を勝ち取り、台北市長選挙では馬英九が現職の民進党の陳水扁に七万票余りの差をつけて当選した。

新台湾人の呼称は、一九九四年の「三大首長選挙」において話題を呼んでいたが、この「トリプル選挙」ではさらに大きな反響を呼び、内外の注目を浴びた。

一九九五年九月十六日、李登輝総統は国民党主席として革命実践研究院主催の研究員連合座談会で新台湾人の定義について、次のように述べた。

「台湾にアイデンティティーを持ち、台湾を惜しみ、台湾のために努力し、奮闘しようと願う人のみが台湾人であり、我々はこうした『新台湾人』の概念を提唱しなければならない。また、民族感情を心に持ち、中華文化を尊び、中国統一の理想を忘れない人が中国人である。つまり、台湾人と中国人の概念は、相対するというものではない。……我々は中国人であるとともに、台湾人であるのだ」(注13)。

王作栄は、「中国人はみな同じように郷土意識が強く、台湾人の郷土意識や排外的な考えが中国の中で最も激しいということは決してない。私（王作栄）の経験では、台湾人よりも、広東、広西、福建、さらには湖南、北方諸省の人間のほうが郷土意識や排外心が強い。……現在、台北にある同郷会は百を数える。これは世界中でいまだかつて見られなかった珍しい光景であり、中国人の郷土意識の強さを証明するのに十分な数字だ」と指摘している（注14）。要するに、台湾の社会は、包容性のある社会である。

今日の台湾の発展と繁栄は、四大族群、すなわち原住民、閩南人、客家人と外省人の努力によって築き上げられたものである。開拓時代における民蕃紛争や分類械闘、ないし戦後における族群矛盾は、いずれも移民社会の現象であり、歴史が証明するように、この現象は歳月の推移に伴って解消または緩和されて行く。

さらに、二〇一四年以後には「天然独」という言葉が一般化した。これは、政治的立場や社会状況、経済環境によって「台湾独立派」になったのではなく、生まれながらにして「台湾人」として育っており、「台湾アイデンティティ」を持つ若者たちのことである。一九九〇年代の民主化完成から三十年近くがたち、台湾人としての主権意識が自然に身についた人々には、本省人と外省人の区別なく、「天然独」の意識が強い。今ではおよそ六〇％の国民が「自分は台湾人」と考えるようになっている。

紛争と分類械闘はすでに歴史の名詞となり、族群矛盾も新台湾人、そして「天然独」の登場によって、その解消が加速されていくであろう。

〈注釈〉

（1）清朝時代、台湾の原住民に関する記録では「土番」、「野番」、「生番」、「熟番」、「化番」、「山番」、「平埔番」などの呼称がよく見られる（台湾省文献委員会編『台湾省通志稿』巻八同冑志第三冊、一六四三九ページ。

（2）同右、一六四四一～一六四四二ページ。

（3）戴國煇著『台湾～人間・歴史・心性』、岩波新書、一九九一年、第九刷、一〇～一一ページ。

（4）潘英著『台湾拓殖史及其族姓分布研究』（上）、自立晩報社文化出版部、一九九二年、九ページ。

（5）前掲戴國煇著『台湾～人間・歴史・心性』、一二ページ。

（6）徐宗懋著『台湾人論』、株式会社ジェイク・コーポレーション翻訳、財団法人、交流協会出版、一九九六年、八ページ。

（7）同右、五一ページ。

（8）伊能嘉矩著『台湾文化誌』下巻、八六九～八七〇ページ。

（9）台湾省文献委員会編『台湾史』、衆文図書公司、四二〇～四二五ページ。

(10) 陳紹馨纂修『台湾省通史稿』巻二、人民志・人口篇、一九三ページ。
(11)「王作栄が語る李登輝総統」上(『中華週報』第一七一五号・付録、一九九五年四月二七日)。
(12) 伊原吉之助「台湾の『トリプル選挙』〜敵前のお祭り騒ぎ」(『問題と研究』第二十八巻四号、一九九九年一月号)参照。
(13) 台北「中央日報」、一九九五年九月一八日(一九九五年一〇月五日の『中華週報』第一七三六号、および喜安幸夫著『台湾の歴史』、二七五ページ。
(14) 前掲「王作栄が語る李登輝総統」上。

台湾の変遷史　年表

西暦年　月日	事　　項
～2万年	長浜文化、左鎮人など
BC 5000 ～ 2000	大坌坑文化など　南島族群が台湾へ
紀元前後～15世紀	十三行文化など　台湾原住民の文化の形成
1563	林道乾が台南に上陸
1621	顔思斎、鄭芝龍ら台湾に入植
1624	オランダ人が台湾南部・中部に入植
1626	スペイン人が台湾北部に入植
1642	オランダ人がスペイン人を駆逐、北部に支配を拡大
1661	鄭成功が台湾に上陸、鄭氏王朝を開く
1683	施浪が台湾に上陸、清朝による支配の開始
1760	清朝が渡台禁令を廃止
1874	日本が台湾征討、沈葆楨の近代化政策
1895 4.17	日清戦争の下関講和条約で台湾が日本に割譲される
1945 10.25	日本の敗戦で台湾を中華民国が接収
1947 2.27	闇タバコ売りの女性取締りから2.28事件へ
1949 5.20	戒厳令施行
1949 12.9	中華民国政府の台湾移転、台北を臨時首都に
1952 4.28	日華平和条約締結
1971 10.25	中華民国国連脱退、中華人民共和国が加盟
1972 6.1	蒋経国が行政院長に
1975 4.5	蒋介石総統が死去、副総統の厳家淦が総統に
1978 3.21	蒋経国が第6代総統に当選（国民大会で）
1986 9.28	民主進歩党結党
1987 7.15	戒厳令解除
1988 1.13	蒋経国が死去、副総統の李登輝が総統に
1991 12.31	第1期国民大会代表と立法委員が全員退職
1992 12.19	第2回立法委員選挙実施
1996 3.23	台湾初の総統直接民選投票で国民党・李登輝が当選
2000 3.18	民進党・陳水扁が総統選挙で当選、初の政権交代へ
2008 3.22	国民党・馬英九が総統選挙で当選、二度目の政権交代
2016 1.16	民進党・蔡英文が総統選挙で当選、三度めの政権交代

120
122
馬祖列島
26
26
東シナ海
中国
台北
基隆
台
中歴
新竹
湾
蘇澳
日本
海
与那国島
金門島
峡
台中
24
24
花蓮
澎湖諸島
台湾
嘉義
馬公
玉山
3997m
台南
フィリピン海
黒字は台湾が統治
台東
緑島
高雄
南シナ海
小琉球
22
22
蘭嶼島
0 30 60 km
0 30 60 mi
120
ルソン海峡
122

楊合義（よう　ごうぎ）

平成国際大学名誉教授。1934 年日本統治下の台湾・台南生まれ。台湾・国立師範大学卒業、京都大学大学院東洋史研究科博士課程修了、台湾・国立政治大学国際関係研究センターに勤務、助理研究員、副研究員を経て研究員。同研究センター駐東京特派員兼日本語版『問題と研究』(月刊誌）編集長。平成国際大学法学部教授。主な著書『日米同盟と台湾』、『東アジア新冷戦と台湾』、『激変するアジア政治地図と日台の絆』、『辛亥革命 100 年と日本』（いずれも共著、早稲田出版）。

決定版　台湾の変遷史

平成三十年四月十日　第一刷発行

著　者　楊　合義
発行人　藤本　隆之
発　行　展　転　社

〒101-0051 東京都千代田区神田神保町 2-46-402
TEL　〇三（五三一四）九四七〇
FAX　〇三（五三一四）九四八〇
振替〇〇一四〇―六―七九九九二

印刷　中央精版印刷

定価［本体＋税］はカバーに表示してあります。

ISBN978-4-88656-458-0

てんでんBOOKS

[表示価格は本体価格（税抜）です]

日台関係と日中関係　浅野和生
●台湾、中華民国、中華人民共和国、簡単なようで実は難しい台湾と中国。日台関係、日中関係を考える。
1600円

台湾民主化のかたち　浅野和生
●李登輝政権の発足から二十五年。民主化二十五年の台湾を振り返り、「台湾民主化のかたち」を描き出す。
1600円

中華民国の台湾化と中国　浅野和生
●中華民国の台湾化と台湾の現状を探り、台湾を取り囲む各国の台湾認識を浮かび上がらせる。
1600円

一八九五―一九四五日本統治下の台湾　浅野和生
●一八九五年の統治開始と一九四五年の統治終焉に着目し、この間の統治制度の変遷を追う。
1700円

民進党三十年と蔡英文政権　浅野和生
●戒厳体制下で結成された民進党は、国民党政府による弾圧と党内対立に耐え、ついに政権獲得という栄光を摑みとる。
1700円

日台関係を繋いだ台湾の人々　浅野和生
●日台関係の友好促進および相互理解増進に寄与し、日台の架け橋となった台湾人たちの活躍の軌跡を描き出す。
1700円

台湾よ、ありがとう（多謝！台湾）　小林正成
●「本書は、台湾の民主化の陰に日本人も関わっていた歴史を証す台日交流秘話と言ってよい」（李登輝元総統）。
1800円

台湾人元志願兵と大東亜戦争　鄭春河
●血書嘆願をもつて日本軍に志願し戦争に従軍。台湾から日本精神の覚醒を訴える、その著作の集大成。
1800円